# 柯俊画传

北京科技大学　编

北　京
冶 金 工 业 出 版 社
2016

**图书在版编目(CIP)数据**

柯俊画传／北京科技大学编. — 北京：冶金工业出版社，2016.6
ISBN 978-7-5024-7259-7

Ⅰ. ①柯… Ⅱ. ①北… Ⅲ. ①柯俊—传记—画册
Ⅳ. ①K826.11-64

中国版本图书馆CIP数据核字（2016）第120663号

出版人 谭学余
地　　址 北京市东城区嵩祝院北巷 39 号 邮编 100009 电话 （010）64027926
网　　址 www.cnmip.com.cn 电子信箱 yjcbs@cnmip.com.cn
责任编辑 刘小峰 曾 媛 美术编辑 彭子赫 版式设计 彭子赫
责任校对 王永欣 责任印制 牛晓波
ISBN 978-7-5024-7259-7
冶金工业出版社出版发行；各地新华书店经销；北京博海升彩色印刷有限公司印刷
2016 年 6 月第 1 版，2016 年 6 月第 1 次印刷
210mm×285mm；12.25 印张；290 千字；176 页
**180.00** 元
**冶金工业出版社 投稿电话（010）64027932 投稿信箱 tougao@cnmip.com.cn**
**冶金工业出版社营销中心 电话（010）64044283 传真（010）64027893**
**冶金书店 地址 北京市东四西大街 46 号（100010） 电话（010）65289081（兼传真）**
**冶金工业出版社天猫旗舰店 yjgycbs.tmall.com**

柯 俊（1917.6～）

贺柯俊院士百岁华诞

创新求实大师风范

爱国奉献学界楷模

陆甬祥

二〇一六年五月

賀柯俊先生百岁华誕

春风化雨

桃李芬芳

學生徐匡迪敬呈

丙申六月

玉壺存冰心

朱筆寫師魂

賀柯俊先生百歲華誕

白春禮

柯俊院士百岁华诞

功高德劭

一代宗师

殷瑞钰敬贺

二〇一六年五月

冶金大家跨世纪
材料哲理通古今

贺柯俊先生百年华诞

丁勇
27/5-2016

豐功遐壽

敬賀

柯俊先生百秩

李學勤

二〇一六年夏

院士百岁称人瑞
冶金歷史照汗青

柯俊院士华诞
傅君诏敬书

百年韶华 恍若一枕南柯
躬耕钢苑 只为学界才俊

[illegible]

2016.6.6

一代宗师
钢院传奇

恭贺柯俊院士百年华诞

2016.6.1

# 前　言

柯俊院士祖籍浙江黄岩，在东北度过了他的童年和少年，“九一八事变”后作为流亡学生辗转多校求学，最终于1938年从武汉大学化学系毕业获理学学士。之后他在国民政府经济部工矿调整处工作，负责民营企业的内迁任务，后去越南、缅甸从事抗战时后方民间工业材料的验收储运工作。1942年秋，他被派往印度，期间结识了一些著名的物理学家，受到多方面的影响。他于1944年获英国帝国化学工业公司学术奖学金，赴英国伯明翰大学留学，师从英国第一代金属物理学家、英国国家物理实验室创始人汉森（D. Hanson）教授，成为他最后一名亲自指导的研究生。1948年博士毕业后，柯俊受聘在该校理论金属学系任高级讲师，1951年获得终身教职，与国际著名材料科学家的一些同事建立了深厚的友谊，包括时任讲师，后为英国剑桥大学教授、英国皇家学会会员、法国巴黎大学教授和中国科学院外籍院士卡恩（R. Cahn）；时任讲师，后任英国剑桥大学冶金与材料系系主任、副校长、英国皇家学会会员、英国政府材料总顾问考垂耳爵士（A. H. Cottrell）等。1950年他响应祖国号召，考察西欧各国高校和工业研究所，积极努力做回国的准备，并与李薰、张沛霖一同参与了中国科学院金属研究所的筹建。1953年底，几经波折的柯俊携妻及幼子绕道印度经香港最终回国，1954年就任北京钢铁工业学院（今北京科技大学）教授至今，先后担任物理化学系主任、北京钢铁学院副院长等职。

柯俊怀揣着科技救国的梦想，在大学期间就关注钢铁等金属材料的研究。他的博士论文题目是《贝茵体的切变机制》，首次提出钢中贝茵体转变的切变机制，是目前国际上贝茵体相变主流学派“切变学派”的创始人，被许多国外同行称为Mr. Bain（贝茵体先生）。回国后他继续相变和金属材料的研究，带领助手和合作者在铜基合金的贝茵体相变、微量元素在钢中的作用和蝶状马氏体形成机制等方面做出基础性的贡献，还在铁铬铝耐热合金、超级钢的研究等方面对国民经济做出了实际贡献。

柯俊十分重视学科的建设、发展和人才的培养。他一回国就开始讲授金属学及金属物理课，并于1955年建议在北京钢铁工业学院筹建中国第一个金属物理专业，为金属物理学科的形成和发展做出了巨大贡献。1956年至1959年，他还在北京大学物理系金属物理教研室兼任副主任并指导本科生开展合金低频内耗的研究，促进金属物理专业的发展。此外，他还参与创建了北京钢铁工业学院冶金物理化学专业。

自20世纪70年代起，柯俊开始进行冶金史的研究，发展了定量冶金考古学。他与考古工作者密切合作，利用现代技术与仪器研究分析金属文物与冶金遗物，考察冶铸遗址，对中国五千年古代冶金进行了时间、地理、技术三维的综合分析与探讨，开创交叉学科研究的新领域。他建立了一支有奉献精神、高水平的冶金史研究队伍，使我国古代冶金史在国际的地位大为提高，为我国科学技术史学科的形成和发展做出了巨大贡献。

柯俊对中国电子显微学的建立和发展功不可没。文革后，着眼于学科的长足发展，在学校的支持下，他先后推荐并派出了十余位青年教师和研究生到国际著名学府以访问学者或博士生联合培养的方式，进行电子显微学的科研和学习，还聘请国际著名教授来华讲课和举办系列研讨班，使我国的电子显微学的科研与教学水平迅速与世界接轨。

柯俊一贯重视人才培养，他培养的众多学子，活跃在国内外相关学科的前沿。1996年教育部启动了“面向21世纪高等工程教育教学内容课程体系改革”课题，已是耄耋之年的柯俊教授负责了北京科技大学“大材料”试点班的教改，以他在学校和有关部门的特殊影响，挑战传统观念、创造办学条件，不遗余力为改革试点奔走，倾注了大量心血，旨在培养工科学生的工程意识、创新意识、自学能力和独立工作能力，为当前教学改革提供了一种范本。

柯俊院士是我国金属物理专业奠基人、古代冶金现代实验方法开拓者和我国工程教育改革领航员。他是中国冶金、材料教育、科技界的一代宗师，为新中国的冶金工业，特别是钢铁工业的建立、发展和壮大，呕心沥血、功勋卓著。

值此柯俊先生百岁寿辰之际，衷心祝愿柯俊先生更加长寿！

北京科技大学
简历
北京科技大学
北京科技大学

## 目 录

# 第一部分　坎坷求学　展家国情怀

## 童年时期

柯俊祖籍浙江台州黄岩，1917 年 6 月 23 日出生于吉林长春，始名柯保俊，后更名为柯俊。

柯俊的祖父柯琳在浙江黄岩城关直下街行医为生，同时经营中药店和酒坊，娶妻黄氏，有八个儿子、两个女儿。柯俊的父亲柯澄（1888 年阴历 9 月 22 日生，1954 年逝世于北京），原名柯已椿，号季云，兄弟排行老四。清末，柯澄曾在浙江黄岩清献书院、南京实业学堂、保定讲武堂读书，后东渡日本，肄业于明治大学法律系，辛亥革命后回国。1913 年，柯澄与王琼英（1895—1965）结婚。外祖父王士骏（字吉人）是清末进士，曾任福建闽侯等地县令，卸任后住在黄岩双桂巷。王琼英，排行第八，在家读私塾，性格温和，待人真诚，尤其在诗文书画上有良好的修养。她的四哥王琎（字季梁），著名化学教育家、化学史家，曾任中央大学理学院院长、中央研究院化学研究所所长、浙江大学化学系主任。

浙江台州黄岩双桂巷柯俊外祖父家旧址

门外有柯俊外祖父王士骏写的对联：数竹料椽避风雨，好留余地长儿孙。横批：雅抱冬心。

柯俊母亲王琼英的童年和少年时期在这里度过

柯俊的父亲柯澄与母亲王琼英

柯澄与王琼英结婚后，经中东铁路局的三哥柯森的介绍，去东北工作，先后任职于吉长、四洮、北宁和锦州铁路局，于1940年辞职，在铁路系统工作了25年。他提倡勤俭持家，注重教育，反对浮华和虚荣，崇尚务实和科学救国。育有子女8人，其中兄弟3人，柯俊、柯僔、柯伟，姐妹5人，柯婉芳（5岁时去世）、柯若俨、柯若仪、柯若伦、柯若儒。7兄妹都是大学毕业生，其中6人早年留学，是各自领域的专家学者。

柯俊小时候，母亲教他读书习字、写诗赋文。母亲深厚的人文素养、严格有礼的家教以及大方率真的待人接物方式影响了柯俊的一生。

1922年，5岁的柯俊到了入学的年龄，便被送往吉长铁路子弟小学接受教育。柯俊在吉长铁路附属中学念初中，随着国民政府的深入教育改革，在校学生不仅能学到国文，更有机会接触到各种各样的新学，例如数学、物理、化学等。

1930年柯俊（右一）与柯僔、柯若俨、柯若仪在吉林北山公园合影

1934 年全家福（摄于沈阳）

前排左起：王琼英、柯若俨、柯若仪、柯若伦、柯伟、柯澄

后排左起：柯傅、柯俊

1944 年全家福（摄于锦州，柯俊在英国缺席）

前排左起：王琼英、柯若儒、柯澄、柯伟

后排左起：柯若伦、柯若仪、柯若俨、柯傅

# 辗转求学路

1931年9月，柯俊进入位于沈阳辽宁三中就读高中一年级。“九一八事变”爆发半月后，学校被迫停课，师生们收拾行李准备回家。然而吉林已经沦陷，柯俊便与同学乘火车逃往天津。天津市政府安排流亡学生继续学业，柯俊被分到河北省立第一中学（今天津三中），重新开始高中一年级的学习。

1932年9月，在完成高中一年级的学业后，柯俊进入了河北省立工业学院预科学习了两年。1934年暑假，柯俊被青岛大学土木工程系录取。他深受当时从美国圣凯瑟琳大学化学系毕业、具有工程师学位的姚南枝的影响，决定进入河北工业学院化学系学习。在河北工业学院求学期间，柯俊活跃在各种学生活动中，深得同学们的信任和拥护，后来当选为学生会主席。

1931年，柯俊14岁

1933年，柯俊16岁

1934年，柯俊17岁

柯俊于1935年5月在河北工业学院学报发表文章《评〈高级中学用复兴教科书——化学〉》一文，对该书的内容、优缺点、印刷质量等进行了评述。

1937年，柯俊在河北工业学院学报第3册上发表文章《耐蚀合金钢》，由于“近四十年来，化学工业突飞猛进，范围渐广，产量益增，已进执产业界之牛耳”，明确指出写此文的目的“即在对各化学用主要耐蚀合金钢作一概括的叙述”。

1937年7月7日，日军侵占卢沟桥，7月28日天津沦陷。国民政府将大学生派送到没有被日军侵占的省市，并安排适合的大学让学生们继续学业。1937年9月，柯俊作为河北工业学院的肄业生注册进入武汉大学化学系。在这里他得到了物理化学教授邬保良先生的教诲，为他的学术发展奠定了坚实的基础。1938年，在武汉即将失守的时刻，柯俊从武汉大学正式毕业。

1935 年，柯俊 18 岁

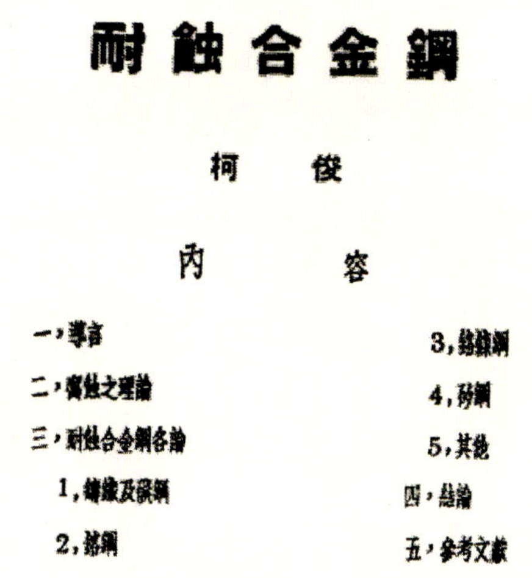

耐蝕合金鋼

柯　俊

內　容

一，導言
二，腐蝕之理論
三，耐蝕合金鋼各論
1，鉻鎳及錳鋼
2，鉻鋼
3，鎢鎳鋼
4，矽鋼
5，其他
四，結論
五，參考文獻

1937 年《河北工业学院学报》发表柯俊文章《耐蚀合金钢》

柯俊（前排左一）早年在天津就读

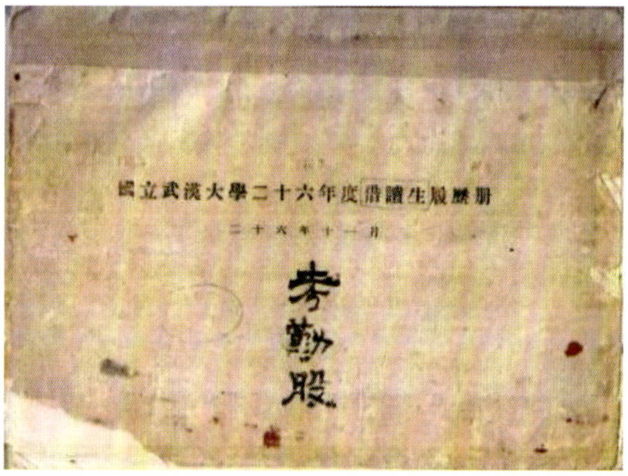

國立武漢大學二十六年度借讀生履歷冊

二十六年十一月

考勤股

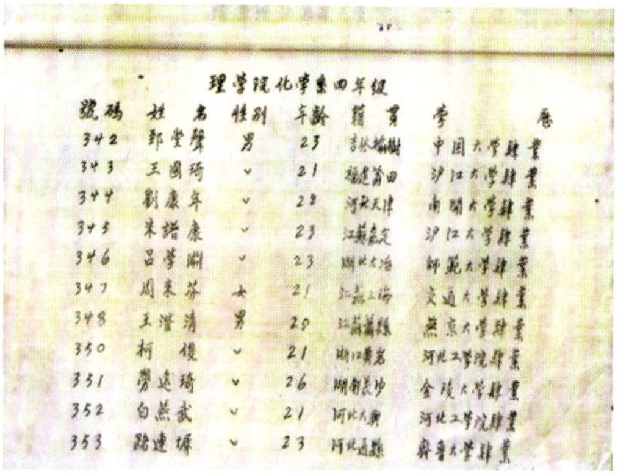

理學院化學系四年級

| 號碼 | 姓名 | 性別 | 年齡 | 籍貫 | 學歷 |
|---|---|---|---|---|---|
| 342 | 郎堂聲 | 男 | 23 | 吉林榆樹 | 中國大學肄業 |
| 343 | 王國琦 | 〃 | 21 | 福建莆田 | 沪江大學肄業 |
| 344 | 劉康年 | 〃 | 23 | 河北天津 | 南開大學肄業 |
| 345 | 朱锴康 | 〃 | 23 | 江蘇嘉定 | 沪江大學肄業 |
| 346 | 呂學澍 | 〃 | 23 | 湖北大冶 | 師範大學肄業 |
| 347 | 周來芬 | 女 | 21 | 江蘇上海 | 交通大學肄業 |
| 348 | 王澄清 | 男 | 20 | 江蘇蕭縣 | 燕京大學肄業 |
| 350 | 柯俊 | 〃 | 21 | 浙江黃岩 | 河北工學院肄業 |
| 351 | 勞遠琦 | 〃 | 26 | 湖南長沙 | 金陵大學肄業 |
| 352 | 白燕武 | 〃 | 21 | 河北大興 | 河北工學院肄業 |
| 353 | 路連城 | 〃 | 23 | 河北通縣 | 齊魯大學肄業 |

1937 年武汉大学借读生履历表

理学院化学系四年级，号码 350，柯俊，21 岁

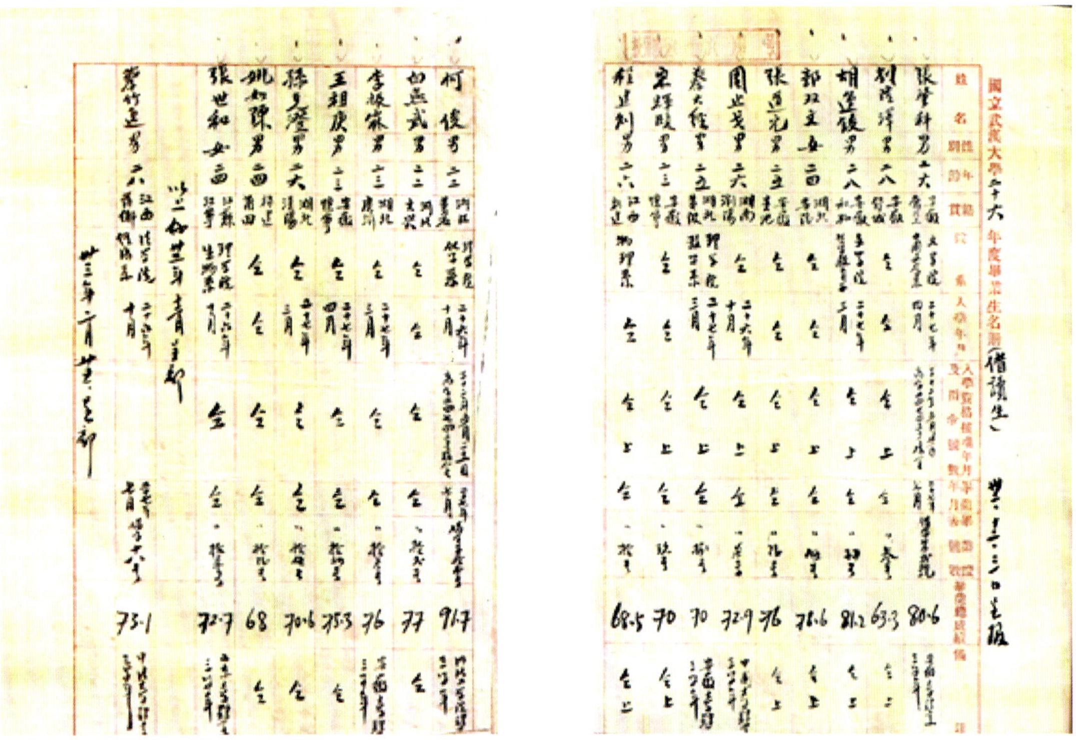

國立武漢大學二十六年度畢業生名冊（借讀生）

1937 年武汉大学借读生成绩册（柯俊，91.7 分）

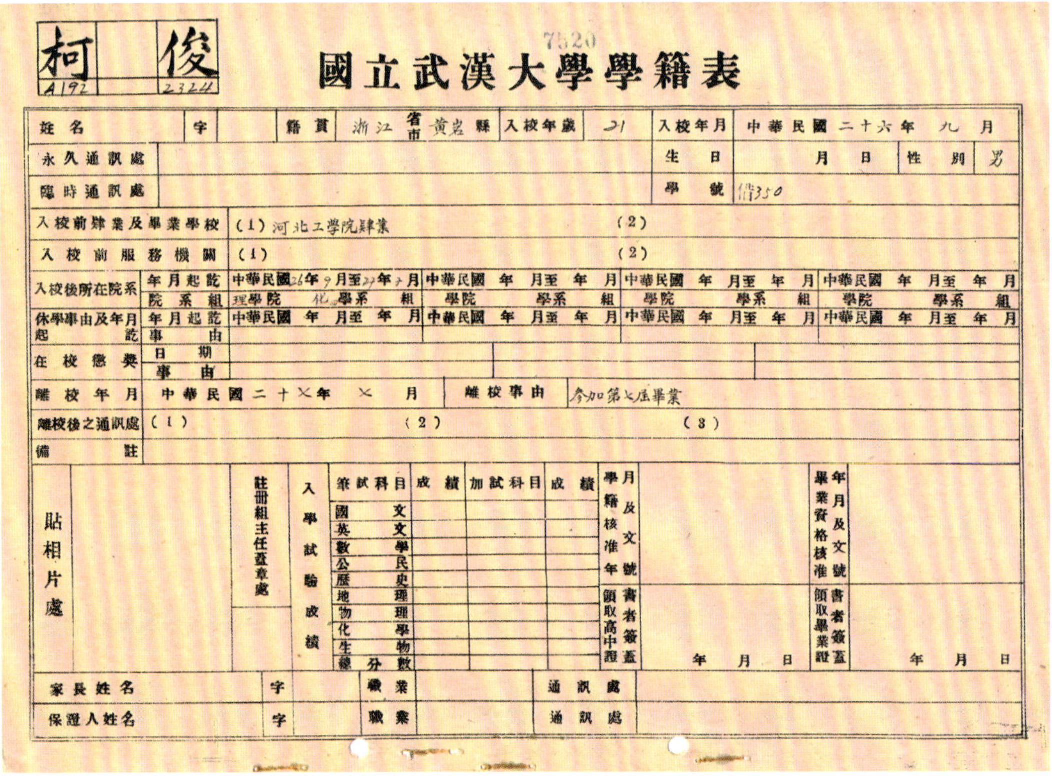

柯 俊

A192 2324

國立武漢大學學籍表

| | | | | | | | |
|---|---|---|---|---|---|---|---|
| 姓名 | | 字 | | 籍貫 | 浙江省黃岩縣 | 入校年歲 | 21 |
| 入校年月 | 中華民國二十六年九月 | | | | | | |
| 永久通訊處 | | 生日 | 月 日 | 性別 | 男 | | |
| 臨時通訊處 | | 學號 | 借350 | | | | |
| 入校前肄業及畢業學校 | （1）河北工學院肄業 | （2） | | | | | |
| 入校前服務機關 | （1） | （2） | | | | | |
| 入校後所在院系 | 年月起訖 | 中華民國26年9月至27年7月 | 中華民國 年 月至 年 月 | 中華民國 年 月至 年 月 | 中華民國 年 月至 年 月 | | |
| | 院系組 | 理學院 化學系 組 | 學院 學系 組 | 學院 學系 組 | 學院 學系 組 | | |
| 休學事由及年月起訖 | 年月起訖 | 中華民國 年 月至 年 月 | 中華民國 年 月至 年 月 | 中華民國 年 月至 年 月 | 中華民國 年 月至 年 月 | | |
| | 事由 | | | | | | |
| 在校懲獎 | 日期 | | | | | | |
| | 事由 | | | | | | |
| 離校年月 | 中華民國二十七年七月 | 離校事由 | 參加第七屆畢業 | | | | |
| 離校後之通訊處 | （1） | （2） | （3） | | | | |
| 備註 | | | | | | | |

| | | | | | | |
|---|---|---|---|---|---|---|
| 貼相片處 | 註冊組主任蓋章處 | 入學試驗成績 | 筆試科目 | 成績 | 加試科目 | 成績 |
| | | | 國文 | | | |
| | | | 英文 | | | |
| | | | 數學 | | | |
| | | | 公民 | | | |
| | | | 歷史 | | | |
| | | | 地理 | | | |
| | | | 物理 | | | |
| | | | 化學 | | | |
| | | | 生物 | | | |
| | | | 總分數 | | | |

| | |
|---|---|
| 學籍核准年月及文號 | |
| 領取高中證書者簽蓋 | 年 月 日 |
| 畢業資格核准年月及文號 | |
| 領取畢業證書者簽蓋 | 年 月 日 |

| | | | | | |
|---|---|---|---|---|---|
| 家長姓名 | 字 | 職業 | | 通訊處 | |
| 保證人姓名 | 字 | 職業 | | 通訊處 | |

柯俊的武汉大学学籍表

# 初入职场

1941 年，柯俊 24 岁

1938 年，柯俊经姚南枝推荐，到国民政府经济部工矿调整处工作，负责民营企业的内迁任务，曾参与督办大冶、武汉各厂的西迁工作，后去越南、缅甸从事战时后方民营工业材料的储运、验收工作。

1942 年秋，柯俊被调往印度。他每周一到周四在印度最大钢铁厂——塔塔钢铁厂参观学习，每周五到周日则回到加尔各达继续开展民营工业原料的运输工作；同时结识了印度第一位诺贝尔奖获得者拉曼等物理学家，学术思想和学风等受到多方面的影响。

柯俊在《新经济》（半月刊）1943 年第 10 卷第 4 期上发表了介绍印度工业的文章《印度工业之鸟瞰》。文章对印度的 5 个典型工业给予了介绍，有纺织工业、钢铁工业、机械工业、化学工业和手工业。

柯俊在《新经济》（半月刊）1945 年第 11 卷第 5 期发表了第二篇文章，题目是《印度工业发展的条件及其问题》。编辑在后记中写道：“柯俊先生在上一卷里曾为我们写过《印度工业之鸟瞰》一文，对印度工业的现状，做了一轮廓的介绍，本期仅对其发展前途，加以展望，其文可供关怀印度问题者之参考。”

1944 年，柯俊获得了英国化学工业公司学术奖学金（ICI Fellowship），可以到英国去学习。他怀揣着科技救国的梦想，于 1944 年赴英国伯明翰大学理论金属学系学习，开始了长达十年的旅英生活。

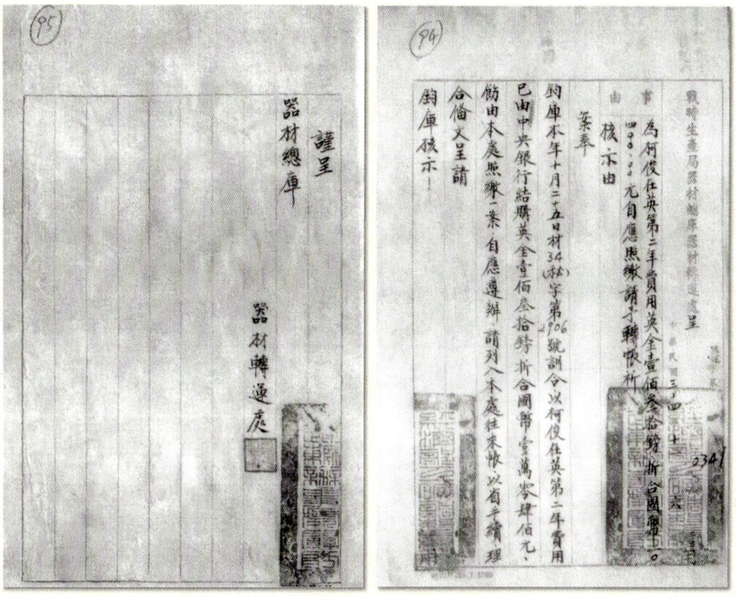

(94)
戰時生產局器材轉運處呈
事由　為何俊在英第二年費用英金壹佰叁拾鎊折合國幣一〇四〇〇元自應照繳請予轉帳祈核示由
案奉
鈞庫本年十月二十五日材34(秘)字第2906號訓令以何俊在英第二年費用已由中央銀行結購英金壹佰叁拾鎊折合國幣壹萬零肆佰元、飭由本處照繳一案，自應遵辦，請列入本處往來帳，以省手續，理合備文呈請
鈞庫核示！

(95)
謹呈
器材總庫
器材轉運處

1945 年战时生产局器材转运处资助柯俊部分留英费用公文

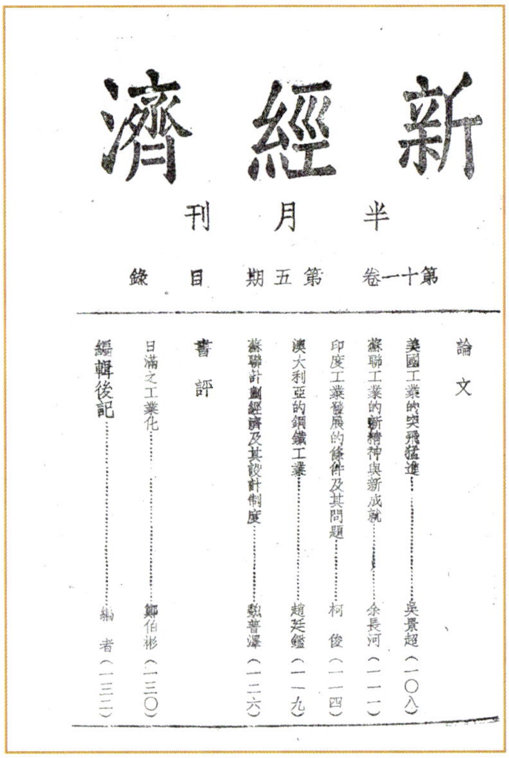

新經濟

半月刊

第十一卷第五期目錄

論文

美國工業的突飛猛進……吳景超（一〇八）

蘇聯工業的新精神與新成就……余長河（一一一）

印度工業發展的條件及其問題……柯俊（一一四）

澳大利亞的鋼鐵工業……趙廷鑑（一一九）

蘇聯計劃經濟及其設計制度……魏普澤（一二六）

書評

日滿之工業化……鄭伯彬（一三〇）

編輯後記……編者（一三二）

1945 年《新经济》刊登柯俊文章《印度工业发展的条件及其问题》

1944 年柯俊（右）在印度泰姬陵留影

## 步入婚姻殿堂

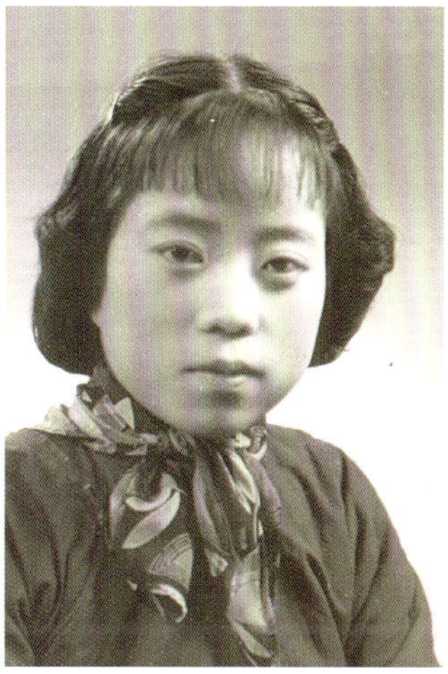

1942 年，邱绪瑶（摄于重庆）

柯俊与邱绪瑶的爱情孕育在动荡的流亡学生时代。在武汉大学组织的流亡同学会上，柯俊与燕京大学的女学生邱绪瑶相遇，开始了交往。1944 年底柯俊赴英国学习前，回到重庆办出国手续，两人订了终身。1946 年，邱绪瑶考取了公派自费出国的名额，1947 年 7 月从上海登上了远行马赛的航船，换乘火车经巴黎、伦敦，到达伯明翰。1947 年 9 月 18 日，柯俊和邱绪瑶选择这样一个具有特殊意义的日子举行婚礼，由同学王大珩担当司仪。邱绪瑶在伯明翰大学商学院攻读博士学位，于 1953 年 7 月获得博士学位。

1953 年 8 月，柯俊携爱人和长子柯英，离开了英国，途径孟买、印度等地，几经波折后经香港抵达广州。夫妻俩都进入成立不久的北京钢铁学院工作。邱绪瑶任冶金系冶金经济及企业组织教研室讲师，后担任北京钢铁学院、北京科技大学管理科学系、管理学院学术委员会主任、教授。

伯明翰大学

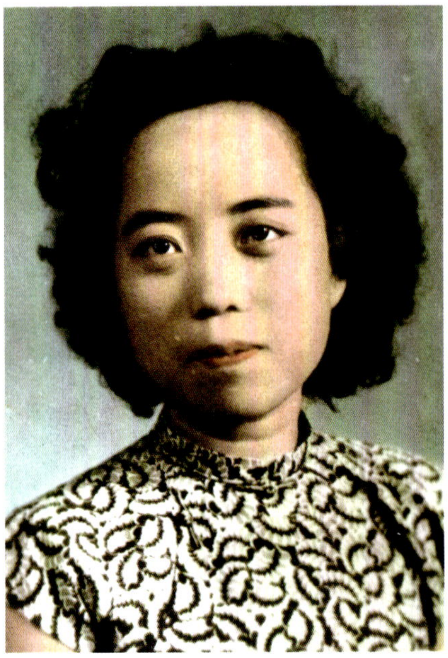

1947 年，邱绪瑶（摄于南京）

1948 年柯俊夫妇在伯明翰大学毕业典礼上

1948 年柯俊自驾旅游留念

1948 年柯俊夫妇在英国

1948 年柯俊夫妇在英国

1948 年柯俊与夫人在英国旅游

1948 年柯俊与夫人在英国住所

1953 年柯俊与夫人及儿子柯英在英国住所
（Cambridge Crescent, Edgbastern, Birmingham）

# 幸福大家庭

柯俊与邱绪瑶育有两个儿子：柯英、柯明，长子柯英与儿媳潘丽华育有两个儿子。柯俊与儿孙相处和谐，乐趣多多。

柯家兄弟姐妹七人（三男四女），柯俊是长兄。柯俊由于父母较早过世，长兄嫂在弟弟妹妹的心目中被视若严父慈母。几十年来，兄妹七人一直感情深厚，彼此以诚相待，互相鼓励，友爱互助，是一个少有的和谐温暖的大家族。

大弟，柯傅，居住台湾，建筑设计师。

小弟，柯伟，金属腐蚀与防护科学家，中国工程院院士，曾任中国科学院腐蚀与防护研究所所长，中国腐蚀学会理事长。弟妹李依依，冶金与金属材料科学家，中国科学院院士，曾任中国科学院金属研究所所长。当年他们同是北京钢铁学院的高材生，现今同在中国科学院金属研究所工作。

二妹，柯若俨，沈阳市第五人民医院主任医师、教授，从事心血管内科的诊疗与教学工作近 50 年。

三妹，柯若仪，大连医科大学附属第一医院内科教授，我国著名心血管内科专家，国务院特殊津贴及辽宁省劳动模范津贴享受者。

四妹，柯若伦，药学专家。

小妹，柯若儒，国家自然科学基金委员会工作，曾任《自然科学进展》编辑部主任、副主编。

1970 年柯俊夫妇与柯明在北京颐和园

1972 年柯俊一家

前排左起：邱绪瑶、柯俊；后排左起：柯明、柯英

1983 年柯俊一家在北京科技大学家中

前排左起：柯俊、邱绪瑶；后排左起：柯英、潘丽华、柯明

1986 年柯俊夫妇看望在美国伊利诺依大学学习的柯英、柯明

1987 年柯俊与柯傅兄弟俩人分手 50 多年后在香港重逢

1988 年 9 月 18 日柯俊夫妇结婚纪念日在伊利诺依大学合影

1988 年柯俊参加小妹柯若儒在美国萨瑞大学获博士学位的毕业典礼

1989 年柯俊夫妇在芝加哥

1992 年柯俊与孙子柯泠

1995 年二弟柯傅与大陆同胞兄弟姐妹共七人聚会沈阳，这是兄弟姐妹七人仅有的一次团圆

*左起：柯伟、柯若儒、柯俊、柯若俨、柯若仪、柯若伦、柯傅*

1997 年柯俊夫妇金婚合影

1997 年柯俊大家庭聚会

前排左起：吕静波、柯俊、邱绪瑶、柯若俨、柯若仪

后排左起：柯若儒、柯若伦、胡嗣强、柯伟、李依依

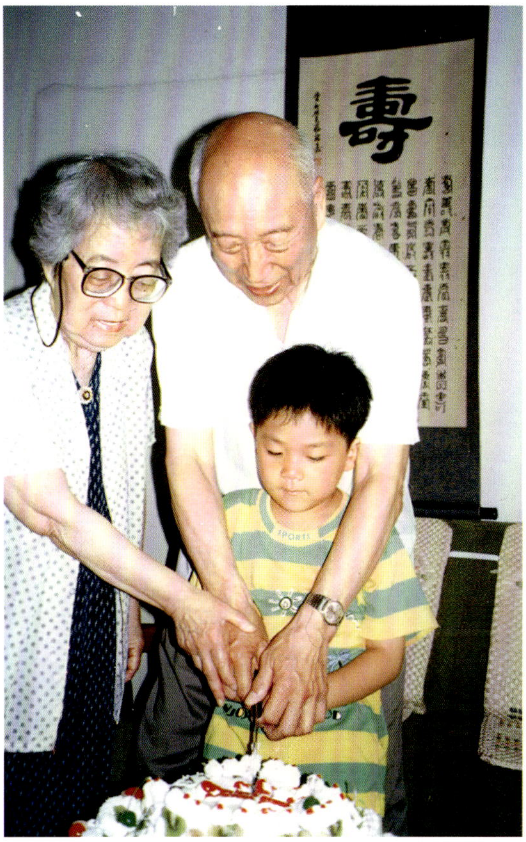

1997 年柯俊夫妇与孙子一起切生日蛋糕

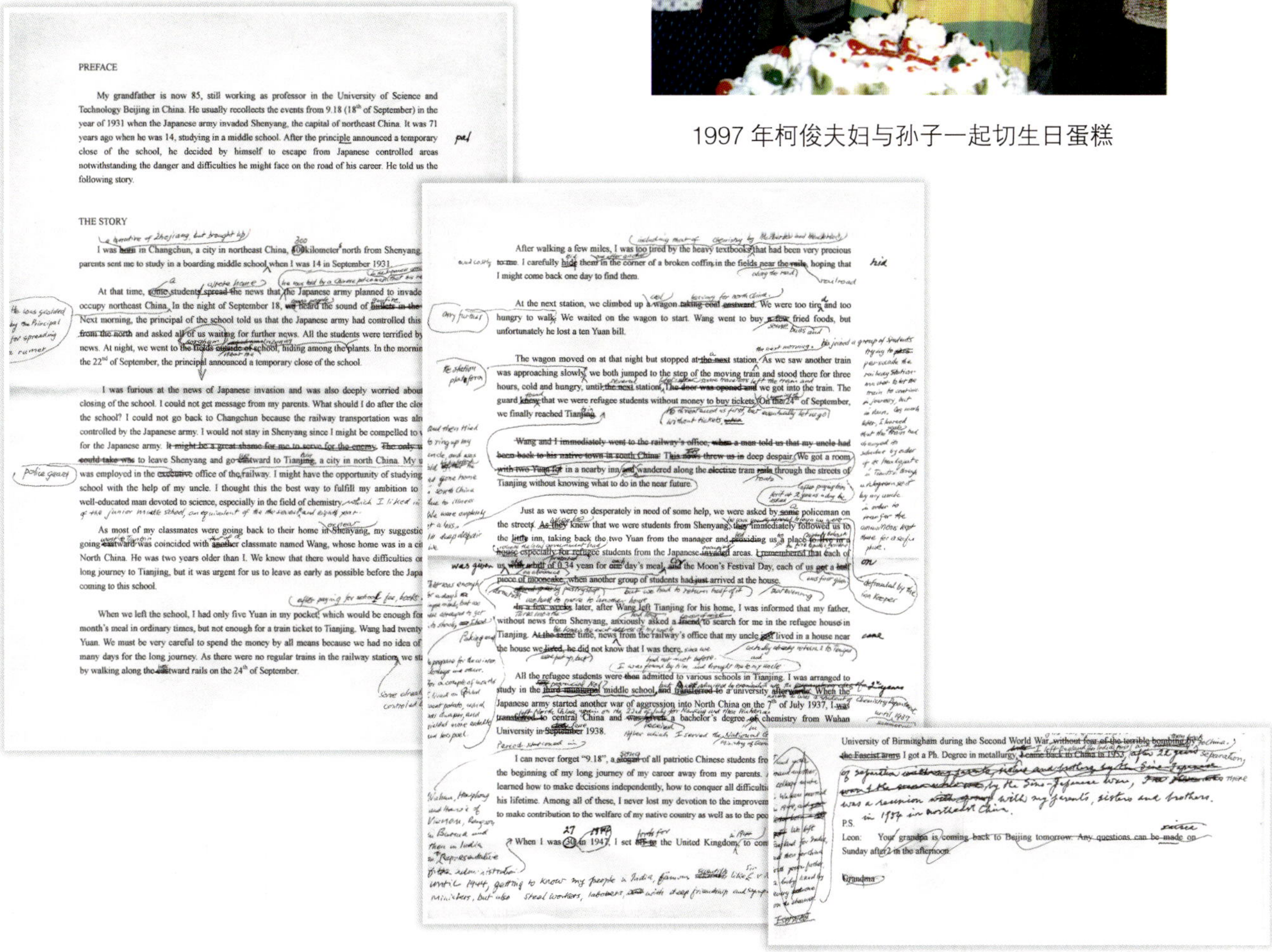

PREFACE

My grandfather is now 85, still working as professor in the University of Science and Technology Beijing in China. He usually recollects the events from 9.18 (18th of September) in the year of 1931 when the Japanese army invaded Shenyang, the capital of northeast China. It was 71 years ago when he was 14, studying in a middle school. After the principle announced a temporary close of the school, he decided by himself to escape from Japanese controlled areas notwithstanding the danger and difficulties he might face on the road of his career. He told us the following story.

THE STORY

I was born in Changchun, a city in northeast China, 400 kilometer north from Shenyang… parents sent me to study in a boarding middle school when I was 14 in September 1931.

At that time, some students spread the news that the Japanese army planned to invade… occupy northeast China. In the night of September 18, we heard the sound of bullets in the… Next morning, the principal of the school told us that the Japanese army had controlled this… from the north and asked all of us waiting for further news. All the students were terrified by… news. At night, we went to the fields outside of school, hiding among the plants. In the mornin… the 22nd of September, the principal announced a temporary close of the school.

I was furious at the news of Japanese invasion and was also deeply worried about… closing of the school. I could not get message from my parents. What should I do after the clo… the school? I could not go back to Changchun because the railway transportation was alr… controlled by the Japanese army. I would not stay in Shenyang since I might be compelled to … for the Japanese army. It might be a great shame for me to serve for the enemy. The only … could take was to leave Shenyang and go eastward to Tianjing, a city in north China. My u… was employed in the executive office of the railway. I might have the opportunity of studying… school with the help of my uncle. I thought this the best way to fulfill my ambition to … well-educated man devoted to science, especially in the field of chemistry.

As most of my classmates were going back to their home in Shenyang, my suggestio… going eastward was coincided with another classmate named Wang, whose home was in a ci… North China. He was two years older than I. We knew that there would have difficulties o… long journey to Tianjing, but it was urgent for us to leave as early as possible before the Japa… coming to this school.

When we left the school, I had only five Yuan in my pocket, which would be enough fo… month's meal in ordinary times, but not enough for a train ticket to Tianjing. Wang had twenty… Yuan. We must be very careful to spend the money by all means because we had no idea of… many days for the long journey. As there were no regular trains in the railway station, we st… by walking along the eastward rails on the 24th of September.

After walking a few miles, I was too tired by the heavy textbooks that had been very precious to me. I carefully hide them in the corner of a broken coffin in the fields near the rails, hoping that I might come back one day to find them.

At the next station, we climbed up a wagon taking coal eastward. We were too tire and too hungry to walk. We waited on the wagon to start. Wang went to buy a few fried foods, but unfortunately he lost a ten Yuan bill.

The wagon moved on at that night but stopped at the next station. As we saw another train was approaching slowly, we both jumped to the step of the moving train and stood there for three hours, cold and hungry, until the next station. The door was opened and we got into the train. The guard knew that we were refugee students without money to buy tickets. On the 24th of September, we finally reached Tianjing.

Wang and I immediately went to the railway's office, when a man told us that my uncle had been back to his native town in south China. This news threw us in deep despair. We got a room with two Yuan for in a nearby inn and wandered along the elective tram rails through the streets of Tianjing without knowing what to do in the near future.

Just as we were so desperately in need of some help, we were asked by some policeman on the streets. As they knew that we were students from Shenyang, they immediately followed us to the little inn, taking back the two Yuan from the manager and providing us a place to live in a house especially for refugee students from the Japanese invaded areas. I remembered that each of us with a bill of 0.34 yean for one day's meal, and the Moon's Festival Day, each of us got a half piece of mooncake, when another group of students had just arrived at the house.

In a few weeks later, after Wang left Tianjing for his home, I was informed that my father, without news from Shenyang, anxiously asked a friend to search for me in the refugee house in Tianjing. At the same time, news from the railway's office that my uncle just lived in a house near the house we lived, he did not know that I was there.

All the refugee students were then admitted to various schools in Tianjing. I was arranged to study in the third municipal middle school, and transferred to a university afterwards. When the Japanese army started another war of aggression into North China on the 7th of July 1937, I was transferred to central China and was given a bachelor's degree of chemistry from Wuhan University in September 1938.

I can never forget "9.18", a slogan of all patriotic Chinese students fro… the beginning of my long journey of my career away from my parents. … learned how to make decisions independently, how to conquer all difficulti… his lifetime. Among all of these, I never lost my devotion to the improvem… to make contribution to the welfare of my native country as well as to the peo…

When I was 30 in 1947, I set off to the United Kingdom, to com…

University of Birmingham during the Second World War, without fear of the terrible bombing by the Fascist army. I got a Ph. Degree in metallurgy. …

P.S.

Leon: Your grandpa is coming back to Beijing tomorrow. Any questions can be made on Sunday after 2 in the afternoon.

Grandma

柯俊为其孙子柯泠写的英文文章做修改

2003 年柯俊（中）与柯伟（左）、李依依（右）夫妇

2003 年柯俊夫妇与亲属合影

2003 年柯俊一家合影
前排左起：柯泠、柯俊、邱绪瑶、柯衡；后排左起：潘丽华、柯英、柯明

2007 年柯俊 90 岁生日

2009 年柯俊夫妇在北京科技大学家中

2012 年柯俊夫妇与长子柯英

2015 年柯俊在北京科技大学家中

# 第二部分　金属物理　创材料人生

## 留英十年

1945 年柯俊在英国伯明翰大学校徽前

柯俊的导师是当时著名的金属学家汉森（Daniel Hanson）教授。他是英国第一代研究金属物理的科学家，是英国国家物理实验室的创始人，他与夫人一起进行的铁镍合金的研究成果在英国的钢铁研究史上功勋卓著。而柯俊是汉森教授招收的最后一名亲自指导的研究生。汉森教授对科学求真求实的精神和踏实勤奋的态度深深地影响了柯俊日后的科研之路。

柯俊在研究生的第一年，选择"铜的再结晶"作为研究课题，随后研究"低碳钢在焊接时的变化"课题。1946 年至 1947 年，他先后担任了英国焊接研究所研究员、英国钢铁研究协会助理等职务。同时，柯俊还参加并负责相变动力学研究组，从事合金相变机理的研究工作。

柯俊接受了英国钢铁协会下达给汉森教授的科研课题，阐明钢中产生过热和过烧的理论机制。他通过简单的金相方法，证明了硫化锰在高温加热时可以在钢中溶解，冷却时在晶界或某个晶面上析出，导致脆化。

柯俊的博士论文题目是《贝茵体的切变机制》，1948 年 12 月，他获得英国伯明翰大学自然哲学博士学位，后留校任教。1951 年，柯俊获得终身讲师任命。

1948 年柯俊在英国伯明翰大学理论金属学系与同事们一起

右起：Robert Cahn（时任讲师，后为剑桥大学教授、英国皇家学会会员、法国巴黎大学教授、中国科学院外籍院士）；Tsun Ko，柯俊（时任高级讲师）；Alan Cottrell（时任高级讲师，后任剑桥大学材料及冶金系系主任、副校长、英国皇家学会会员、英国政府材料总顾问、授爵士勋）；Tommy Wright（时任高级讲师）

1948 年摄于英国伯明翰大学博士毕业典礼后

自 1950 年起，他发表了与博士论文相关的多篇文章。

1950 年与导师 D. Hanson 在 “Journal of Iron and Steel Institute” 上发表文章 “Grain Boundary Phenomena in Severely Heated Steel”；1951 年与 J. A. Wheeler 和 V. Kondic 在同一期刊上发表文章 “Effect of Initial Heating Temperature on the Mechanical Properties of Ni-Cr-Mo Steels ”；1952 年与 A. Cottrell 在同一期刊上发表文章 “The Formation of Bainite”，此文被师昌绪先生称为 “不朽之作”。

当时在英国留学的中国留学生组织了同学会，在活动中与柯俊来往密切的有谢菲尔德的李薰、张沛霖，剑桥的邹承鲁、李林，伯明翰的王大珩、姚桐斌等。

2001 年柯俊再访英国专程去导师汉森教授墓前缅怀

# Grain-Boundary Phenomena in Severely Heated Steel

*By T. Ko, B.Sc., Ph.D., and D. Hanson, D.Sc.*

SYNOPSIS

A study has been made of the structure and tensile properties of carbon steels which have been quench-hardened after being heated to very high temperatures in the austenitic range. A new metallographic method of studying overheating has been used which shows that, on overheating, sulphide inclusions are precipitated at the austenite grain boundaries ; these inclusions cannot be seen in an ordinary microsection. A subsidiary investigation of some specially prepared iron alloys has shown that the presence of manganese sulphide is necessary for the precipitate to occur. Two effects are found when the steel has been heated to temperatures very near the solidus : the sulphides are precipitated at the grain boundaries in the form of a eutectic, and there is a segregation of phosphorus to the precipitated regions.

The effect of high austenitizing temperatures on the tensile properties of martensite has been studied on low-carbon steels and on an Fe–C–Mn alloy. Martensitic plain carbon steels containing 0·08, 0·17, and 0·23% of carbon have tensile strengths of 73, 95, and 110 tons/sq. in. respectively, and have reductions in area of 40–50% when fine-grained. The ductility decreases with increasing austenitizing temperature ; in steels heated below the overheating temperature this loss of ductility can be recovered by a single normalizing treatment, but in overheated steels little recovery can be achieved except by subjecting the material to rather elaborate heat-treatment.

The theory is put forward that overheating is due to the partial precipitation on the austenite grain boundaries, at high temperatures, of sulphide brought into solution during heating ; the precipitation takes place when cooling, at a suitable rate, to the overheating temperature. Segregation of phosphorus occurs when the solidus/liquidus range of the steel (the solidus being lowered by the presence of sulphur in solution) is entered at very high temperatures.

## Introduction

The effect of high-temperature treatment, between the upper critical point and the solidus, on the structure and the mechanical properties of steel has received considerable attention since the pioneer work of Stansfield[1] and Stead,[2] particularly because of its importance in welding and forging.

It is now generally recognized that lack of ductility of the hardened zone next to a weld may result in the occurrence of underbead cracking in the welding of certain steels.[3, 4] One of the factors which can affect the ductility is the thermal history of the steel : the ductility of hardened steel generally decreases with increasing austenitizing temperature, and becomes very low when the steel has been heated to temperatures near the solidus.[5] Part of this loss of ductility is persistent, *i.e.*, it cannot be recovered by a *single* normalizing treatment, and is accompanied by the appearance of facets in the fracture when the steel is suitably heat-treated, and of a cellular structure when it is properly etched with specific chemical reagents. Steel in such a condition is said to be overheated, and the temperature above which the phenomenon occurs is the overheating temperature. On the other hand, a steel is said to be burnt when incipient fusion of the metal occurs at very high temperatures.

Paper MG/A/259/48 of the Alloy Steels Research Committee of the Metallurgy (General) Division of the British Iron and Steel Research Association, received 12th April, 1949. The views expressed are the authors', and are not necessarily endorsed by the Committee as a body.

Professor Hanson is Director of the Departments of Metallurgy and Industrial Metallurgy, and Dr. Ko is a lecturer in the Department of Metallurgy, at the University of Birmingham.

Overheating and burning have received close attention from many investigators,[6, 7, 8] and recent work by Preece *et al.*[9] and others[10, 11] has contributed much towards the understanding of the phenomena. It is now generally accepted that :

(i) Overheating of a steel occurs when it is heated above a certain temperature, which varies from steel to steel[7, 9, 10]

(ii) The overheating temperature is an inherent property of the steel, and is not affected by the furnace atmosphere[9, 10]

(iii) Overheating is revealed by the presence of facets in the fracture of a suitably heat-treated specimen and of a boundary network after suitable etching[7, 9, 10]

(iv) Overheating results from changes at grain boundaries, which are retained to a certain extent after heat-treatment ; these lea
by chemical reagents, and intr
structure[6, 7, 9–12]

(v) Overheating may be sup
cooling the steel through the

(vi) Working the overheated
of overheating[9, 10]

(vii) Overheated steels can
the following treatments : (a
temperature and cooling very s
heating range[9] ; (b) repeated
annealing ; (c) repeated norm
lower temperatures.[12]

EXPERIMEN

Study of previous work sug
approach to the problem woul
nature of the austenite grain
heated specimens. However,
boundaries in an ordinary mi
factory because the grain-boun
by overheating is either too
obscured by the distortion of the
ing ; even electrolytic polishin





# The Formation of Bainite

*By T. Ko and S. A. Cottrell*

SYNOPSIS

When bainite is formed from austenite, the specimen surface is distorted, giving a structure similar to that obtained during the formation of martensite. By studying the surface relief during the formation of bainite, using a specially developed metallographic technique and hot-stage microscopy, it has been established that bainite forms by nucleation and slow *coherent* growth, the rate of which depends on the composition of the austenite and the temperature of transformation. A new theory of the mechanism of bainite formation is proposed. It is suggested that owing to the insufficiency of the driving force, martensite cannot form, and the coherent growth is possible only if the driving force is increased and the strain due to the density change is reduced by lowering the carbon in solution in the bainite. This takes place by diffusion of carbon into the surrounding austenite or by precipitation of carbide within the bainite, or by a combination of both ; the rate of growth is therefore controlled by the rate of carbon removal.

## Introduction

When austenite is isothermally transformed at temperatures in the intermediate range, an acicular aggregate of ferrite and carbide particles forms, and is generally known as bainite. The structure and the mechanism of formation of bainite have been extensively studied since the work of Davenport and Bain.[1] The mechanism, however, remains obscure, and the present investigation attempts to elucidate this fundamental problem.

The structure of bainite varies with the composition of the austenite from which it is formed and with the temperature of its formation. Both the degree of darkening during etching and the acicularity become more pronounced as the temperature of formation is lowered. In plain carbon steels, bainite formed just below the 'nose' of the isothermal transformation diagram—often called 'upper bainite'—is feathery and open in structure, consisting of adjacent parallel ferrite plates containing coarse carbide particles. Bainite structures formed at temperatures just above the $M_s$ point, however, resemble tempered martensite, and their substructures are irresolvable under optical microscopes. These structures—generally referred to as 'lower bainite'—differ from martensite in that, in the same steel, bainite is often thinner than the martensite formed in the same temperature range.[2, 3] Electron microscopical investigations[4] showed that lower bainite contains carbide particles preferentially orientated, probably along {111} planes of the austenite. In alloy steels containing carbide-forming elements, only iron carbides (with little partition of the alloying elements) have been found in bainite, but a redistribution of alloying elements may take place during prolonged annealing.[5–10]

The carbide in bainite formed above 300° C. is cementite,[7, 11, 12] but the nature of the carbide in bainite formed below 300° C. is not certain.[11–13] The orientation and habit planes of the carbides in bainite are not known. The orientation of cementite in martensite tempered at 600° C. in a 1% C steel has been reported as $(103)_{Fe_3C}//(110)_{\alpha}$ and $[010]_{Fe_3C}//[111]_{\alpha}$.[14]

The physical and chemical conditions of austenite can be affected by the formation of bainite. Numerous workers have found that partial transformation in the bainite range lowers the $M_s$ of the remaining austenite.[15–23] Stabilization of austenite can also take place when the austenite is held in the bainite range for times less than the incubation period.[24, 25]

Direct measurements of austenite lattice parameters, or measurements of *c/a* ratios of the martensite formed from the residual austenite, have shown that there is an increase in the carbon content in the austenite during the formation of bainite in hypo-eutectoid vanadium[26] and chromium steels.[27] There are indications that carbon enrichment in austenite also occurs in eutectoid steels.[28] Such an effect has not been found in hyper-eutectoid chromium steels,[20] or in 5% Ni steel[29] during the formation of lower bainite.

### Previous Suggestions Regarding the Mechanism of Bainite Formation

The acicular dark-etching constituent that forms at intermediate temperatures was originally named 'martensite–troostite' by Davenport and Bain,[1] as they suspected that it formed as martensite but tempered rapidly. This idea was elaborated by Vilella, Guellich, and Bain,[30] who said that the acicular transformation products form by "the successive, abrupt formation of flat plates of supersaturated ferrite along certain crystallographic planes of the austenite grains; this supersaturated ferrite begins at once to reject carbide *particles* (not lamellæ), at a rate depending upon temperature." Wever,[12] Portevin,[31, 32] and their co-workers had previously suggested that bainite forms as supersaturated ferrite.

Indications that the length and thickness of the bainite plates in a series of specimens increased with increasing holding time were found by Smith and Mehl,[33]* who suggested that bainite probably formed by a process of nucleation and growth, ferrite being the nucleating phase. Förster and Scheil[34] also suggested that bainite forms by a slow growth process but is crystallographically similar to martensite.

Paper MG/A/153/52 of the Alloy Steels Committee of the Metallurgy General Division of the British Iron and Steel Research Association, received 29th July, 1952. The views expressed are the authors' and are not necessarily endorsed by the Committee as a body.

Dr. Ko is Lecturer in Metallurgy at the University of Birmingham. Dr. Cottrell is Senior Scientific Officer at the Ministry of Supply, Risley, Warrington.

* They also observed that the orientation relationship between austenite and the ferrite in bainite varied only slightly with the temperature of formation and was similar to that between martensite and austenite. The habit planes of bainite, however, changed markedly with the temperature of transformation. In a eutectoid steel, the habit planes of bainite were very near to those of pro-eutectoid ferrite when it formed at 450° C., but approached those of martensite as the temperature of formation was lowered.

1951–1952 年英国伯明翰大学冶金学会全体会员合影（前排右六为柯俊）

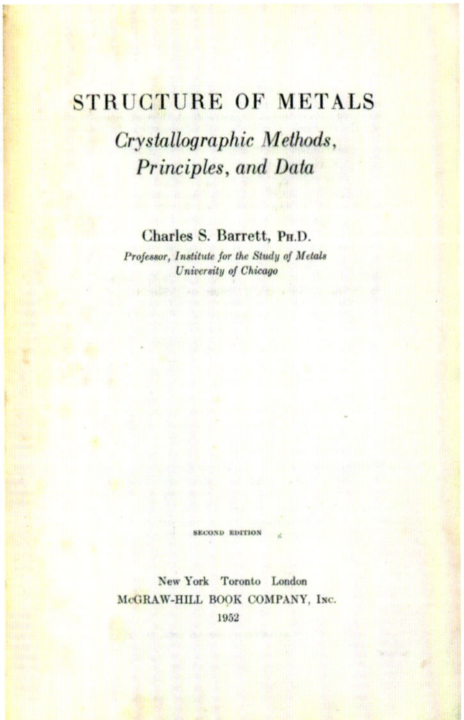

STRUCTURE OF METALS

*Crystallographic Methods, Principles, and Data*

Charles S. Barrett, Ph.D.

*Professor, Institute for the Study of Metals*
*University of Chicago*

SECOND EDITION

New York Toronto London
McGRAW-HILL BOOK COMPANY, Inc.
1952

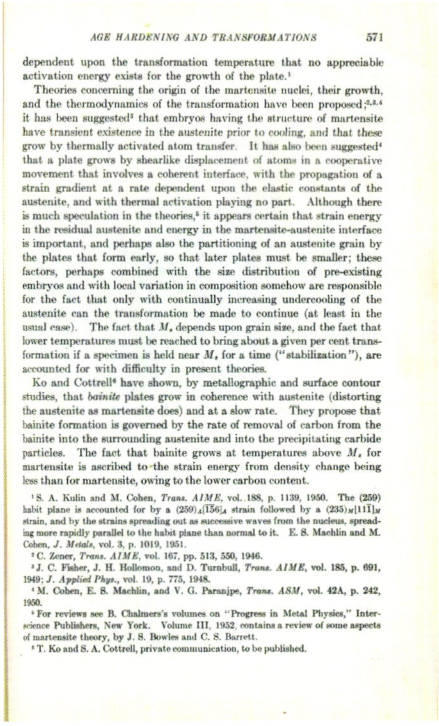

*AGE HARDENING AND TRANSFORMATIONS* 571

dependent upon the transformation temperature that no appreciable activation energy exists for the growth of the plate.[1]

Theories concerning the origin of the martensite nuclei, their growth, and the thermodynamics of the transformation have been proposed;[2,3,4] it has been suggested[3] that embryos having the structure of martensite have transient existence in the austenite prior to cooling, and that these grow by thermally activated atom transfer. It has also been suggested[4] that a plate grows by shearlike displacement of atoms in a cooperative movement that involves a coherent interface, with the propagation of a strain gradient at a rate dependent upon the elastic constants of the austenite, and with thermal activation playing no part. Although there is much speculation in the theories,[5] it appears certain that strain energy in the residual austenite and energy in the martensite-austenite interface is important, and perhaps also the partitioning of an austenite grain by the plates that form early, so that later plates must be smaller; these factors, perhaps combined with the size distribution of pre-existing embryos and with local variation in composition somehow are responsible for the fact that only with continually increasing undercooling of the austenite can the transformation be made to continue (at least in the usual case). The fact that $M_s$ depends upon grain size, and the fact that lower temperatures must be reached to bring about a given per cent transformation if a specimen is held near $M_s$ for a time ("stabilization"), are accounted for with difficulty in present theories.

Ko and Cottrell[6] have shown, by metallographic and surface contour studies, that *bainite* plates grow in coherence with austenite (distorting the austenite as martensite does) and at a slow rate. They propose that bainite formation is governed by the rate of removal of carbon from the bainite into the surrounding austenite and into the precipitating carbide particles. The fact that bainite grows at temperatures above $M_s$ for martensite is ascribed to the strain energy from density change being less than for martensite, owing to the lower carbon content.

[1] S. A. Kulin and M. Cohen, *Trans. AIME*, vol. 188, p. 1139, 1950. The (259) habit plane is accounted for by a $(259)_A[\bar{1}\bar{5}6]_A$ strain followed by a $(235)_M[11\bar{1}]_M$ strain, and by the strains spreading out as successive waves from the nucleus, spreading more rapidly parallel to the habit plane than normal to it. E. S. Machlin and M. Cohen, *J. Metals*, vol. 3, p. 1019, 1951.

[2] C. Zener, *Trans. AIME*, vol. 167, pp. 513, 550, 1946.

[3] J. C. Fisher, J. H. Hollomon, and D. Turnbull, *Trans. AIME*, vol. 185, p. 691, 1949; *J. Applied Phys.*, vol. 19, p. 775, 1948.

[4] M. Cohen, E. S. Machlin, and V. G. Paranjpe, *Trans. ASM*, vol. 42A, p. 242, 1950.

[5] For reviews see B. Chalmers's volumes on "Progress in Metal Physics," Interscience Publishers, New York. Volume III, 1952, contains a review of some aspects of martensite theory, by J. S. Bowles and C. S. Barrett.

[6] T. Ko and S. A. Cottrell, private communication, to be published.

1952 年芝加哥大学巴雷特教授（Charles S. Barrett）书中引用了柯俊还未正式发表的研究成果

2001 年柯俊获得母校英国伯明翰大学授予杰出人士和校友的最高荣誉学位“工学博士”

# 创建金属物理专业

柯俊铭记汉森教授的临别赠言："回国后搞科研就去研究所，办教育要到高等学校。前者轻车熟路，深入一点就容易出成果；后者辛勤耕耘，但是桃李满天下，影响更大。"柯俊充分认识到钢铁工业对于新中国建设的重要性，1954年4月夫妻二人到北京钢铁工业学院报到，开始了他执鞭教学、辛勤耕耘的生涯。他在金相及热处理教研组担任教授，为金相热处理专业讲金属物理课，教会老师和学生使用金相实验室中进口的蔡斯光学显微镜，指导相55、相56级学生毕业设计等。

1955年，柯俊被任命为新成立的物理化学系主任。北京钢铁工业学院的领导们审时度势，同意了柯俊建立金属物理专业的建议，并授权他负责筹备事宜。金相教研组内成立了由柯俊、张兴钤、方正知、马如璋、谢逸凡、蔡美良等参加的金属物理小组，开始着手筹建金属物理专业。

1956年6月，学校正式批准成立金属物理教研组，9月第一批金属物理专业学生入学。北京钢铁工业学院金属物理专业是世界第二个、中国的第一个金属物理专业，为后来全国同类专业的建立提供了范例。同年柯俊应叶企孙教授之邀，兼任北京大学物理系金属物理教研组主任和教授。

为了提高从事金属学及金属物理专业教学人员的业务水平，自1956年开始，柯俊组织了系列专题报告会。被约请的知名学者有林兰英、王大珩、师昌绪、钱临照、彭桓武、李荫远、刘益焕等。报告内容包括了金属的范性形变、相变、位错、组织结构等，听众踊跃，效果非常好。

当时，教研组面临的首要任务就是为首届（61届）学生开设专业课。但初创的金属物理专业既无教学大纲可循，也无教材可用。在这种情形下，柯俊、张兴钤、肖纪美、方正知四位教授迎难而上，分别负责金属物理各主要领域的教学工作，参考国际上的研究方向，总结国际上的最新成果，结合我国的实际国情，开始授课。为了弥补金属物理专业教材与实验指导书的匮乏，柯俊花费了大量的心血来翻译1951年由苏联莫斯科钢铁学院编撰的《钢铁及非铁金属合金金相图片集》，该金相图片集于1956年5月由科学出版社出版。

北京钢铁学院主楼

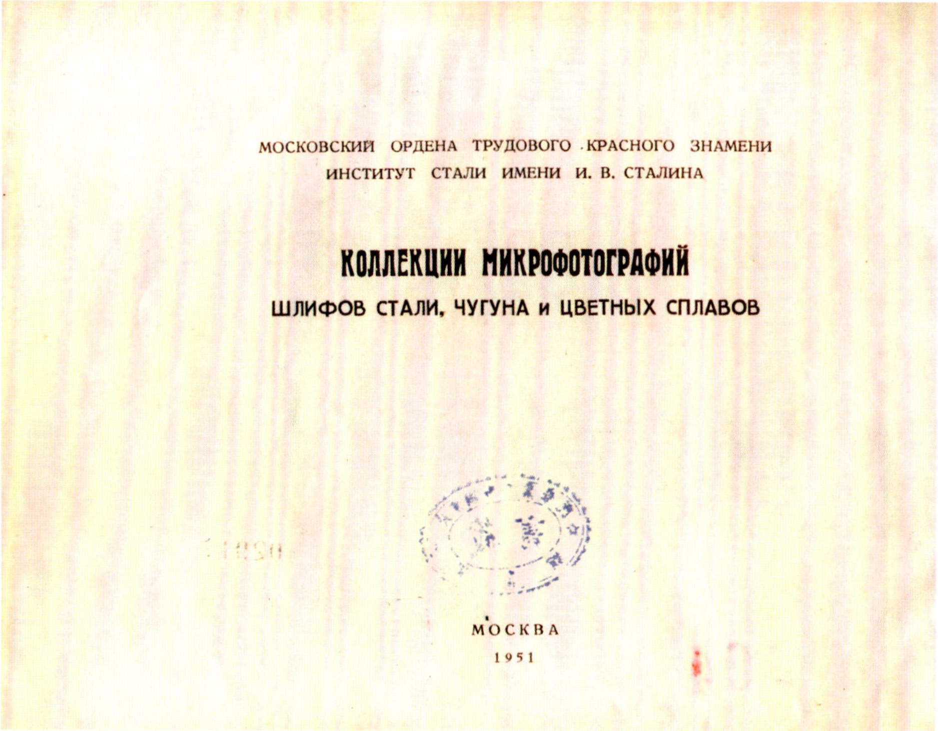

柯俊翻译的《钢铁及非铁金属合金金相图片集》

1954 年柯俊（后排右三）及金相教研组的老师欢送相 54 班时的合影

20 世纪 50 年代末金属物理教师与外国专家

李恒德（左一）、肖纪美（左二）、柯俊（左三）、方正知（右三）、高治善（右四）

1955 年柯俊（左二）、章守华（右一）、徐祖耀（左三）、
方正知（左一）与苏联专家合影

1958 年柯俊、肖纪美、章守华、王润等与苏联专家

20世纪50年代柯俊（前排中）参加在中国科学院物理所举办的晶体学讲座

20世纪50年代固体物理学家与苏联专家
左起：柯俊、钱临照、华西里耶夫、黄昆

1960年长春全国第一次固体物理会议（柯俊右二）

1962 年金属物理教研组与首届毕业生合影
前排：柯俊（左四）、张兴钤（左二）、肖纪美（右三）、方正知（右一）、马如璋（左一）

1962 年北京大学物理系金属物理 62 届毕业生与导师
前排：肖纪美（左二）、柯俊（左三）、张兴钤（左四）、方正知（左五）

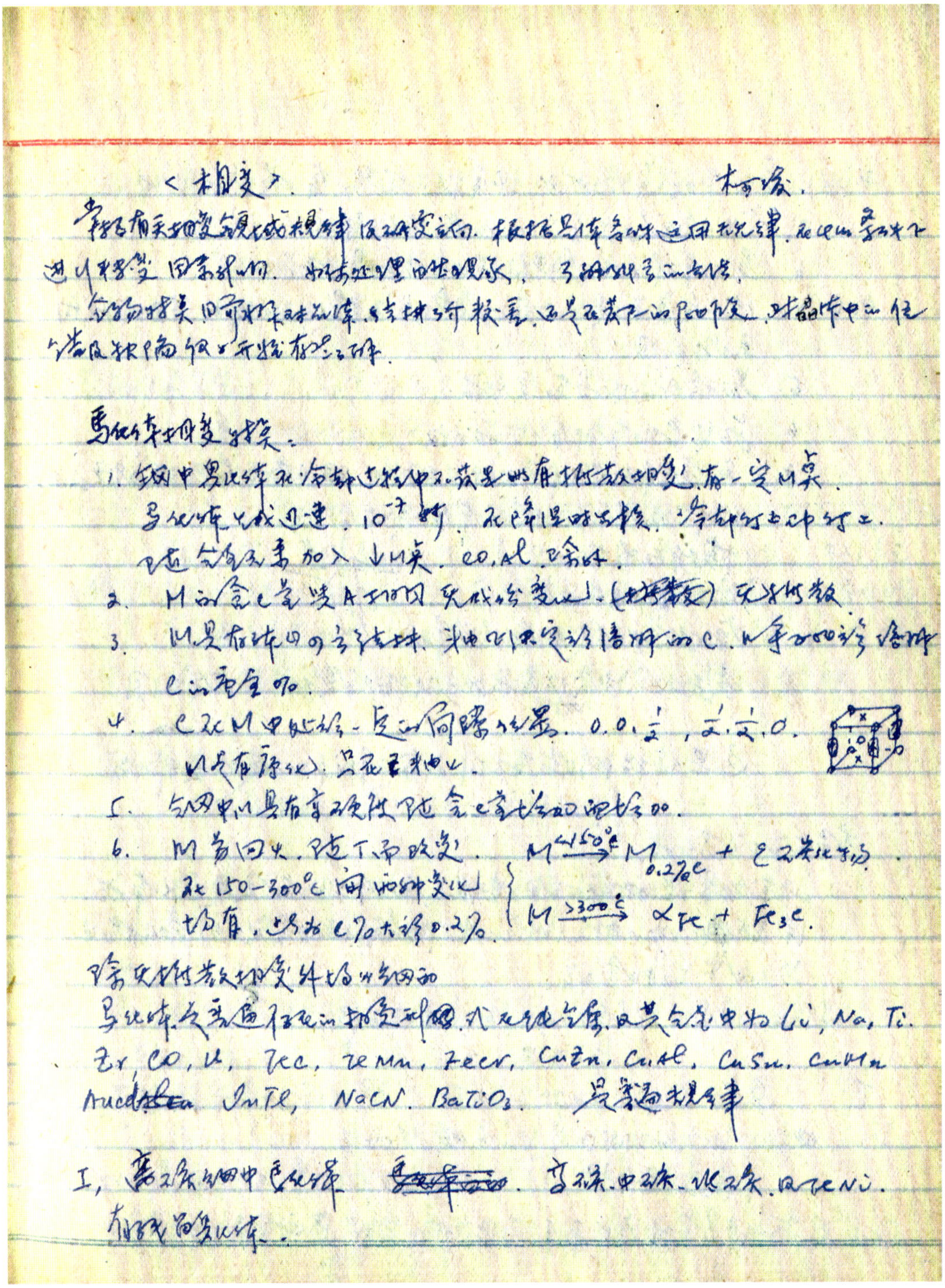
《相变》 柯俊.

马氏体相变特征.

1. 钢中马氏体在冷却过程中不发生明显扩散相变，有一定M点.
2. M的含C量与A相同 无成分变化 无扩散
4. C在M中的位置 0,0,½ ; ½,½,0.
5. 合金中M具有高硬度 随含C量增加而增加.
6. M当回火，随T而改变. 在150-300°C间 ……
$M \xrightarrow{<150°} M_{0.2\%C}$ + ε碳化物.
$M \xrightarrow{>300°C} \alpha_{Fe} + Fe_3C$.

Li, Na, Ti, Zr, Co, U, TiC, FeMn, FeCr, CuZn, CuAl, CuSn, CuMn, AuCd, InTl, NaCN, $BaTiO_3$ 是普遍规律

I, 高碳钢中马氏体 …… 高碳. 中碳. 低碳. 以及FeNi.

1961 年韩汝玢（研究生）听柯俊课程笔记

1964年金物63届毕业生与院系领导和教师合影

第二排：张文奇（左十二）、李文（左十一）、林楠（左十）、魏寿昆（左九）、柯俊（左八）、朱蕴玉（左七）、高贻善（左十三）、肖纪美（左十四）

1964年北京钢铁学院领导干部合影

前排左起：杨尚灼、柯俊、魏寿昆、李文、刘少华、高芸生、马纪民、林楠、胡庶华、陈放、刘景云、章守华、于殿栋

1965 年理化系干部欢送朱蕴玉书记（柯俊，前排右五）

1970 年代柯俊给干部讲课现场

由于名师荟萃，北京钢铁学院的金属物理专业走在全国前列，于1981年成为首批博士点，1988年成为首批国家重点学科。

改革开放后，柯俊等把国外材料领域最著名的科学家邀请到北京钢铁学院交流并讲学，并聘请一些科学家为北京钢铁学院名誉教授，如英国牛津大学Hirch教授和剑桥大学Christian教授、美国麻省理工学院Cohen教授和加州大学伯克利分校Thomas教授、德国亚琛工业大学Hassen教授和Dahl教授、瑞典皇家工学院Hiller教授、加拿大麦克马斯特大学Purdy教授和Piercy教授、日本东京大学桥口隆吉教授和大阪大学桥本初次郎教授等。

柯俊还邀请了国内许多相关院所的著名学者担任兼职教授，指导、培养硕士和博士研究生，如郭可信、钱临照、李方华、钟香崇等，他们都是相关领域的先驱或领军人物，在国际上很有威望。

在学校的支持下，着眼于学科的长足发展，柯俊先后推荐并派出陈难先（美国）、刘庆国（美国）、周政谦（英国）、吴杏芳（美国、英国）、平云（英国）、柳得橹（加拿大、日本）、王蓉（瑞典、澳大利亚）、朱逢吾（德国）、王佩璇（加拿大）、魏鎏英（瑞典）、陈清（英国）、孙永谦（英国）、宋志毅（日本）、宋明辉（日本）、陆致龙（日本）等青年教师和研究生到英国牛津大学、英国剑桥大学、美国加州大学伯克利分校、美国宾夕法尼亚大学、加拿大麦克马斯特大学、瑞典查尔斯默斯工业大学、澳大利亚悉尼大学和日本冈山理科大学等著名学府，以访问学者或博士生联合培养的方式，进行电子显微学和材料学方面的学习和科研，使得我国科研与教学水平迅速与世界接轨。

1980年北京钢铁学院三位教授魏寿昆（中）、柯俊（左）、肖纪美（右）同时当选中国科学院学部委员

1981 年柯俊（左一）与师昌绪（左二）、陈能宽（左三）、庄育智（左四）在讨论

1982 年柯俊参加断裂和应力腐蚀重大科研课题鉴定会后合影

前排：肖纪美（左一）、李恒德（左二）、陈能宽（左三）、张兴钤（左四）、颜鸣皋（左五）、柯俊（左七）、师昌绪（左八）

1983 年柯俊与金属物理专业研究生讨论问题

金属物理专业新年团拜会

柯俊与学生讨论问题

1985 年柯俊与金物专业部分硕士毕业生

左起：秦子强、黄坚、顾大建、段晓峰、柯俊、王润、孙永谦、宁先捷、林仁富

1983 年在美国宾夕法尼亚大学访问
左起：刘庆国、伍瑜、柯俊、S. Rabii、周勇忻、陈难先、柳得橹

1984 年中日金属学及金属物理讨论会

1985 年柯俊与金属物理专业的年轻教师
左起：邱绪瑶、柯俊、孙永谦、吴杏芳、魏鋆英

1992 年金物 61 届返校同学与老师在金物楼前合影

前排右起：肖治纲、董克柱、蒋恒、马如璋、张兴铃、庄育智、方正知、柯俊、肖纪美、谢逸凡、褚幼义、王佩璇

1995 年金物 66 届毕业生返校聚会与教师合影

前排右起：田中卓、褚幼义、蒋恒、柯俊、张均均、陈梦谪、陈难先、贺信莱

1995 年柯俊（前排左）与冶金物化专业董锷（前排右）、张圣弼（后排左）、朱元凯（后排中）、李文超（后排右）为魏寿昆祝贺 88 寿辰

1997 年应用科学学院祝贺柯俊 80 寿辰

前排左起：柯俊，邱绪瑶；后排左起：方克明、朱逢吾、洪彦若、王燕斌、常香荣

1999 年柯俊夫妇与金属物理教师

左起：柯俊、周艺、柳得橹、张国光、邱绪瑶、吴杏芳、王蓉、谢伟、陈梦谪

1999 年李秋华（右）从美国回来探望导师柯俊（中）与柳得橹（左）

2000 年柯俊与金属物理专业教师曹国辉交谈

2000 年金属物理专业教师与老教授聚会
左起：肖纪美、张兴铃、柯俊、方正知

2000 年柯俊与张兴铃院士夫妇及金属物理教师合影

2002 年祝贺柯俊生日

前排左起：谢锡善、柯俊、邱绪瑶、李承基

后排左起：陈梦谪、韩汝玢

2006 年庆祝材料物理与化学系创建 50 周年大会上柯俊与师昌绪院士

2006 年柯俊与金物 63 届毕业生孙才荣（左）和褚幼义（右）

2006 年柯俊与陈难先（左）院士合影

2006 年柯俊九十华诞之际，褚幼义与尚成嘉代表《柯俊院士九十华诞文集》编写组到家看望并赠送文集

2006 年庆贺柯俊院士九十华诞暨北京科技大学材料物理与化学系创建 50 周年大会

# 提出贝氏体相变切变理论

20世纪50年代以前，国际金属学界一般认为贝茵体（现在一般称之为贝氏体）转变是由钢中的原子扩散控制的，扩散学派成为当时解释这一现象的主流学派。1951年，柯俊在研究的过程中首次发现并提出钢在固溶体分解发生相变时贝茵体转变的切变位移机制，证明其是与珠光体、马氏体不同的相变，建立了贝氏体相变切变理论。这一突破性成果在国际上引起了极大的反响，并逐渐形成了全世界对这一现象研究的主流学派——切变学派，已得到英国剑桥大学、牛津大学、美国伊利诺依大学、麻省理工学院、加州大学，以及欧洲、日本等金属材料科学学者们的认可。

柯俊在贝氏体研究上所做出的杰出贡献获得充分肯定。欧共体1966年出版（英、德、法文）的由A. Schrader和A. Ros主编的“De Ferri Metallographia”一书第2卷“Fundementals of Metallogaphia”中，把钢中切变机制生成的无碳贝茵体称成“柯氏贝茵体”，其本人也被以美国柯恩（M.Cohen）教授为首的许多国外同行称为Mr. Bain（贝茵体先生）。

回国后，柯俊从未间断对合金中贝茵体相变机理的深入研究，他的团队对不同合金系、不同方式形成贝茵体形貌及特征进一步提供了相变切变机制的证据，并多次发表论文。

1957年柯俊“关于奥氏体共格性的转变机构”项目获中国科学院颁发的1956年度科学奖金（自然科学部分）三等奖，由中国科学院授予中国科学院科学奖章、奖状、奖金，三等奖奖金两千元。

1977年起，柯俊指导贺信莱等参加了硼在钢中作用机理的研究，紧密结合我国低碳高强贝茵体钢种的生产与发展进行研究并取得重要成果，而且在含硼贝茵体钢中获得了有关贝茵体形成机制的新的实验证据。

1988年至1990年柯俊主持国家自然科学基金重点项目“贝茵体相变机理”，国内几位著名的贝氏体专家都参加了该项目。西北工业大学康沫狂、上海交通大学俞德刚、天津大学刘文西、清华大学方鸿生、西南交通大学刘世楷、重庆大学徐启昆、北京科技大学柯俊及各自领导的团队，在全国范围开展了对贝氏体相变的深入探讨，共同切磋与交流，在国际上形成了很活跃的力量。

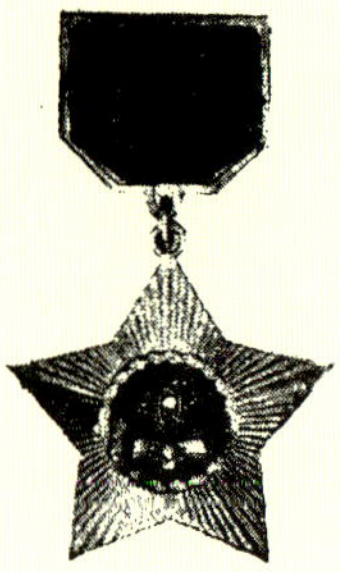

# 中国科学院頒發1956年度科学奖金（自然科学部分）通告

中国科学院科学奖金1956年度評奖工作，已进行完畢。現将評定結果公布如下（次序分学科排列，同学科同等奖按姓名笔划排列）：

| 科学研究論著名称 | 作者 | 作者工作单位 | 奖金等次 |
|---|---|---|---|
| **数学** | | | |
| 典型域上的多元复变数函数論 | 华罗庚 | 中国科学院数学研究所 | 一等奖 |
| 示性类及示嵌类的研究 | 吳文俊 | 中国科学院数学研究所 | 一等奖 |
| K展空間和一般度量空間的几何学，射影空間曲綫論 | 苏步青 | 复旦大学、中国科学院数学研究所 | 二等奖 |
| **力学** | | | |
| 工程控制論 | 錢学森 | 中国科学院力学研究所 | 一等奖 |
| 关于彈性圓薄板大撓度問題 | 錢偉长<br>合作者 胡海昌 | 清华大学、中国科学院力学研究所 | 二等奖 |
| 塑性大应变的軸对称平面应力問題在金屬硬化区的解法和一般性的結果 | 李敏华（女） | | |
| 横观各向同性彈性体力学的空間問題 | 胡海昌 | | |
| **冶金学** | | | |
| 鋼中氫气的研究 | 李薰等 | 中国科学院金屬研究所 | 三等奖 |
| 球墨鑄鉄的研究 | 周仁<br>周行健<br>鄒元爔<br>李林（女）<br>等 | 中国科学院冶金陶瓷研究所 | 三等奖 |
| 关于奥氏体共格性的轉变机构 | 柯俊 | 北京鋼鉄工業学院 | 三等奖 |
| **石油化学** | | | |
| 合成汽油的芳烴化的研究 | 彭少逸<br>郭燮賢<br>陈英武<br>章元琦<br>等 | 中国科学院石油研究所 | 三等奖 |
| 氮化熔鉄催化剂用于流体化床合成液体燃料的研究 | 楼南泉<br>張存浩<br>王善鋆<br>卢佩章<br>等 | 中国科学院石油研究所 | 三等奖 |
| **土木建筑学** | | | |
| 直流电在土中作用及其对土的物理力学性的影响 | 汪聞韶 | 水利部 | 三等奖 |
| 变截面剛构分析 | 蔡方蔭 | 建筑工程部 | 三等奖 |

对以上科学研究論著的作者，由中国科学院授予中国科学院科学奖章、奖状和奖金。奖金一等一万元，二等五千元，三等二千元。对集体工作的奖章、奖状授予和奖金分配，按"中国科学院科学奖金暂行条例"第四条規定办理。对給奖論著的書面評审意見将在"科学通报"刊布。

院长　郭沫若

1957年1月24日

附：中国科学院1956年度科学奖金（自然科学部分）評审經过說明

1957年《科学通报》刊登"中国科学院颁发1956年度科学奖金（自然科学部分）通告"

1984 年加拿大麦克马斯特大学授予柯俊荣誉理学博士学位

page 2/The Courier, May 22, 1984



William Prince Pigott | The Hon. Robert Welch | Dr. T. Ko | Eugene Forsey | Dr. B.N. Brockhouse

## 1900 students graduate

# McMaster honours six at spring convocations

Almost 1900 students will graduate from the McMaster University Arts and Science spring convocations on May 24, 25, and 26.

Honorary degrees will be presented to prominent Hamilton businessman William Prince Pigott; Ontario deputy premier and minister responsible for women's issues Robert Welch; veteran parliamentarian Eugene Forsey; Dr. J.M.S. Careless, leading Canadian historian; Dr. Bertram Neville Brockhouse, internationally renowned McMaster physicist; and Dr. T. Ko, academican of Academia Sinica and vice-president of Bejing University of Iron and Steel Technology (BUIST), Peoples' Republic of China.

Hamilton businessman William P. Pigott will receive an honorary Doctor of Laws degree (LL.D.) at the Faculties of Business and Engineering Convocation, to be held May 24 at 2:30 p.m. in the Arthur Burridge Gymnasium, of the Ivor Wynne Centre.

tific societies of Canada for his studies on neutron physics applied to the study of the solid and liquid states of matter.

### Will give address

James M.S. Careless will receive an honorary Doctor of Laws degree (LL.D.) and will give the convocation address.

Professor Careless, a well-known Canadian historian, has taught at the University of Toronto since 1959. He is the author of many Canadian history texts including: *Canada, A Story of Challenge*, 1953, which was awarded the Governor General's Medal; *The Union of the Canadas*, 1967; and *Brown of the Globe*, Volumes 1 and 2, which received the Governor-General's Award for non-fiction.

Professor Careless is also past director of the Ontario Heritage Foundation; chairman of the Ontario History Studies Series; and past president of the Canadian History Association and Ontario History

1984 年 5 月 22 日加拿大报纸刊登柯俊等获荣誉学位的消息

1984 年柯俊在加拿大麦克马斯特大学访问

1985 年柯俊与麻省理工学院相变专家柯恩教授（M. Cohen）

1988 年柯俊（前排左三）在清华大学参加基金重点项目“贝氏体相变机理”研讨会，
师昌绪（前排左四）、李恒德（前排右三）院士等同时参加

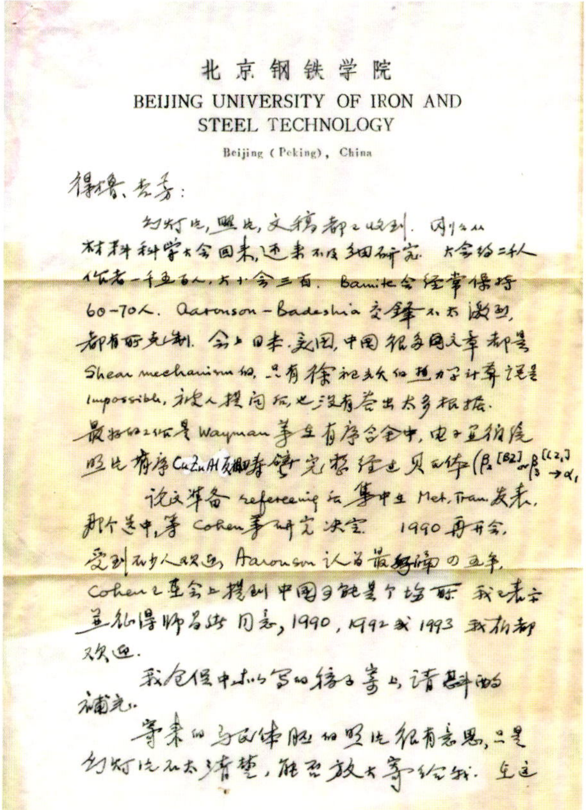

北京钢铁学院
BEIJING UNIVERSITY OF IRON AND
STEEL TECHNOLOGY
Beijing (Peking), China

得橹、杏芳：

幻灯片，照片，文稿都已收到。刚从材料科学大会回来，还来不及细研究。大会约二千人，作者一千五百人，大小会三百。Bainite会经常保持60-70人。Aaronson-Badeshia交锋不太激烈，都有所克制。会上日本、美国、中国很多国文章都是Shear mechanism的，只有徐祖耀的热力学计算说是impossible，被人提问后，也没有答出太多根据。最好的工作是Wayman等在有序合金中，电子显微镜照片有序CuZnAl [illegible] 完整经过贝氏体（$\beta_2^{[B2]}$ or $\beta_3^{[L2_1]} \rightarrow \alpha_1$

论文准备refereeing后集中在Met. Tran. 发表。那个选中，等Cohen等研究决定。1990再开会，受到不少人欢迎，Aaronson认为最好隔四五年。Cohen已在会上提到中国可能是个好场所。我已表示并征得师昌绪同意，1990，1992或1993我们都欢迎。

我在信中未写的待以后寄上，请斟酌的补充。

寄来的马氏体照的照片很有意思，只是幻灯片不太清楚，能否放大寄给我。至迟

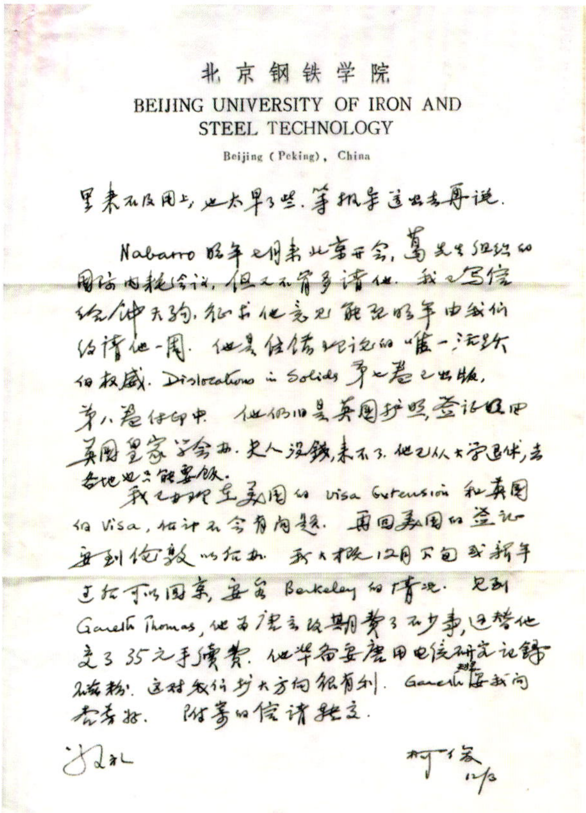

北京钢铁学院
BEIJING UNIVERSITY OF IRON AND
STEEL TECHNOLOGY
Beijing (Peking), China

要来不及用上，也太早了些。等将来送出去再说。

Nabarro明年已同意来北京开会，葛先生组织的固体内耗会议，但又不肯多请他。我已写信给冲天驹，征求他意见能否明年由我们约请他一周。他是位错理论的唯一活跃的权威。Dislocations in Solids第七卷已出版，第八卷付印中。他们的是英国护照，签证由英国皇家学会办。夫人没钱，来不了。他已从大学退休，去各地也只能要饭。

我已办理在美国的visa extension和英国的visa，估计不会有问题。再回美国的签证要到伦敦以后办。我大概12月下旬或新年过后可以回京，要看Berkeley的情况。见到Gareth Thomas，他为 [illegible] 期费了不少事，还替他交了35元手续费。他准备要应用电镜研究记录磁粉。这对我们扩大方向很有利。Gareth要我向杏芳好。附寄的信请转交。

敬礼

柯俊
12/3

1989 年柯俊致柳得橹、吴杏芳的信

1990 年柯俊参加第二届全国贝氏体相变讨论会

1990 年柯俊（左一）、康沫狂（右二）、徐祖耀（右三）在第二届贝氏体相变讨论会上

1990 年柯俊（二排左四）参加第二届全国贝氏体相变讨论会合影

# 发展马氏体相变动力学

20世纪50年代，柯俊首次观察到钢中马氏体形成时基体的形变及其对马氏体长大的阻碍作用，提出了“奥氏体中不均匀性和原子簇的形成和存在，将会影响马氏体的生核和长大”的假说。随后，柯俊与陈梦谪合作研究了“高速钢奥氏体化淬火过程缓冷时的稳定化和高温加热促化之间的相互关系”，研究结果证明了他所提出假说的正确性。1959年这一论述在苏联《金属学及金属物理》杂志发表，并且得到著名物理学家萨道夫斯基的认可和高度评价。

柯俊在实验室

80年代，柯俊在这一假说的基础上，指导吴杏芳、陈奇志等进一步研究了“含微量钒碳的铁镍合金中蝶状马氏体的相变”，证明在适当条件下形成的具有特殊形状和一定分布规律的蝶状的马氏体是原子簇及其自促发效应的结果。他指导柳得橹及研究生，利用薄膜观察证明消除约束后相变的不同形态。这一系列的研究成果极大地丰富了马氏体相变理论，特别是给长期探索的马氏体形核机制增添了新的论点和证据。

1981年柯俊与相变专家在北京科技大学主楼前

1986年柯俊与柯明（左）在旧金山参加形状记忆合金会议后于金门大桥旁留影

1997年柯俊夫妇与吴杏芳（左一）、柳得橹（右一）

# 探索微量元素在钢中的作用机理

1976年起，柯俊与褚幼义、贺信莱、余宗森等人开始进一步开展硼钢的研制，系统研究微量硼在钢中作用的机理，用径迹显微照相技术进行“硼在晶界非平衡偏聚的研究”。1989年，“硼在钢中的作用及硼在晶界偏聚行为的研究”项目获国家教委科技进步二等奖。

1983年至1986年，柯俊、陈梦谪等人根据四川攀枝花矿产资源的特点，负责“六五”“七五”钢中钒、钛研究攻关项目的课题。主要研究了微量的钒、钛对重轨钢、硅钢组织及性能的影响，阐明了微量钛在钢中的分布，氧化钛形成机制以及在钢中的作用等。同时，柯俊等人还完成了对纳米级析出相的萃取及鉴定方法。1992年“钒、钛、铌等微合金元素的低合金钢中应用基础的研究”获冶金部科学技术进步一等奖。

1980年在杭州“材料科学与工程课题规划会议”合影

左起：贺信莱、柯俊、褚幼义

北京京丰宾馆第一届中国材料研讨会
柯俊（中）与李依依（左）、颜鸣皋（右）合影

1991 年柯俊带外国学者参观朱逢吾实验室

陈国良（左一）、王润（左二）、柯俊（左四）、朱逢吾（左五）

1994 年柯俊参加含磷深冲高强汽车钢板鉴定会

# 开创超级钢研究

1996 年 5 月，柯俊亲自写了一篇《钢铁发展与人类文明——驳钢铁工业是夕阳工业》的报告，送给冶金工业部部长。1996 年 10 月由冶金工业部申报“国家攀登计划 B 类项目建议书”，课题名称为“新一代微合金高强高韧钢的基础研究”，建议人为师昌绪、邵象华、柯俊、肖纪美、刘嘉禾、王崇愚和殷瑞钰。北京科技大学由柯俊和孙祖庆负责“相变和缺陷结构控制为重点的物理金属学基础研究”。

2000 年 10 月至 2003 年 9 月，柯俊指导北京科技大学的“973”项目组抽出人员成立了一个专题组：新一代钢的薄板坯连铸连轧工艺基础研究及材料性能特征研究，主要成员有柯俊、柳得橹、傅杰、康永林等以及研究生若干人，与广州珠江钢厂进行合作研究，实行了老中青结合、跨专业结合以及产学研结合的研究路线。

2003 年，“钢的组织性能综合控制理论及应用—薄板坯连铸连轧工艺基础及材料性能特征研究”获中国高等学校十大科技进展奖。2004 年 2 月 10 日，柯俊作为第 4 完成人，项目获教育部一等奖。

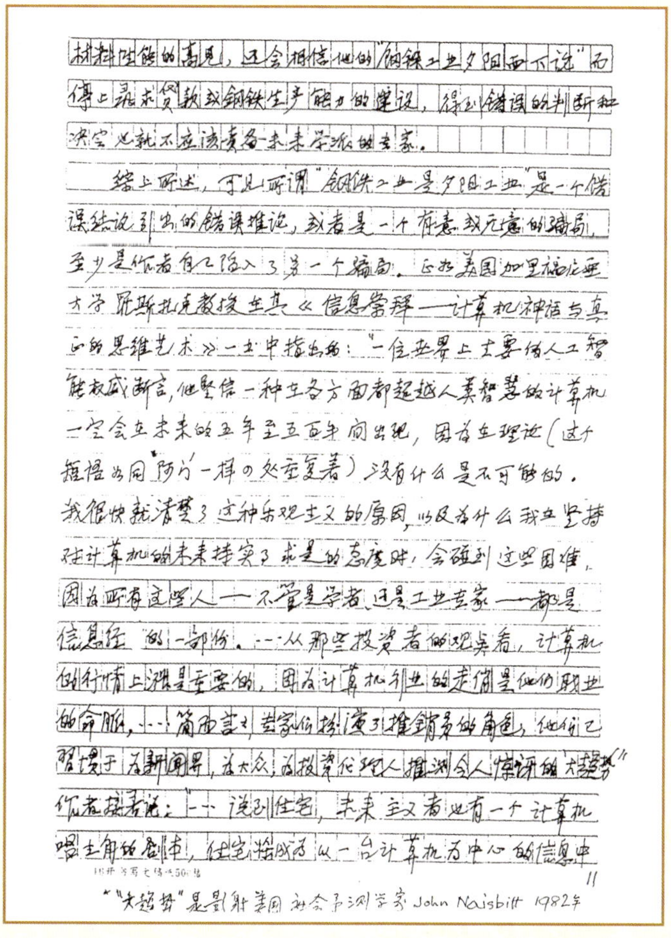

材料性能的高见，还会相信他的"钢铁工业夕阳西下说"而停止拨款贷款或钢铁生产能力的建设，得到错误的判断和决定也就不应该责备未来学派的专家。

综上所述，可见所谓"钢铁工业是夕阳工业"是一个错误结论引出的错误推论，或者是一个有意或无意的骗局，至少是作者自己陷入了另一个骗局。正如美国加里福尼亚大学罗斯扎克教授在其《信息崇拜——计算机神话与真正的思维艺术》一书中指出的："一位世界上主要的人工智能权威断言，他坚信一种在各方面都超越人类智慧的计算机一定会在未来的五年至五百年间出现，因为在理论（这个短语如同"防伪"一样的处处皆是）没有什么是不可能的。

我很快就清楚了这种乐观主义的原因，以及为什么我在坚持对计算机的未来持实事求是的态度时，会碰到这些困难。因为所有这些人——不管是学者，还是工业专家——都是信息经济的一部分。……从那些投资者的观点看，计算机的行情上涨是至关重要的，因为计算机行业的走俏是他们职业的命脉。……简而言之，专家们扮演了推销员的角色，他们已习惯于为新闻界，为大众，为投资代理人推测令人惊讶的"大趋势"。"

作者接着说："……说到住宅，未来主义者也有一个计算机唱主角的剧本，住宅将成为以一台计算机为中心的信息中

11

"大趋势"是影射美国社会预测学家 John Naisbitt 1982年

1996 年《钢铁发展与人类文明——驳钢铁工业是夕阳工业》手稿

1999 年柯俊（右一）与参加钢铁年会的张寿荣（左一）、殷瑞钰（右二）等合影

2000 年柯俊参加先进钢铁材料技术国家工程研究中心组建大会时与徐匡迪（右）交谈

2000 年柯俊（前排左四）参加先进钢铁材料技术国家工程研究中心组建大会

2000 年柯俊（前排左一）参加中国钢铁工业技术进步与结构调整战略研讨会

2003 年薄板坯连铸连轧工艺基础及材料性能特征研究项目鉴定会

前排左起：王天民、黄孝瑛、李依依、殷瑞钰、张寿荣、柯俊、李文秀

后排左起：于浩、周德光、李烈军、康永林、傅杰、柳得橹、王元立、霍向东

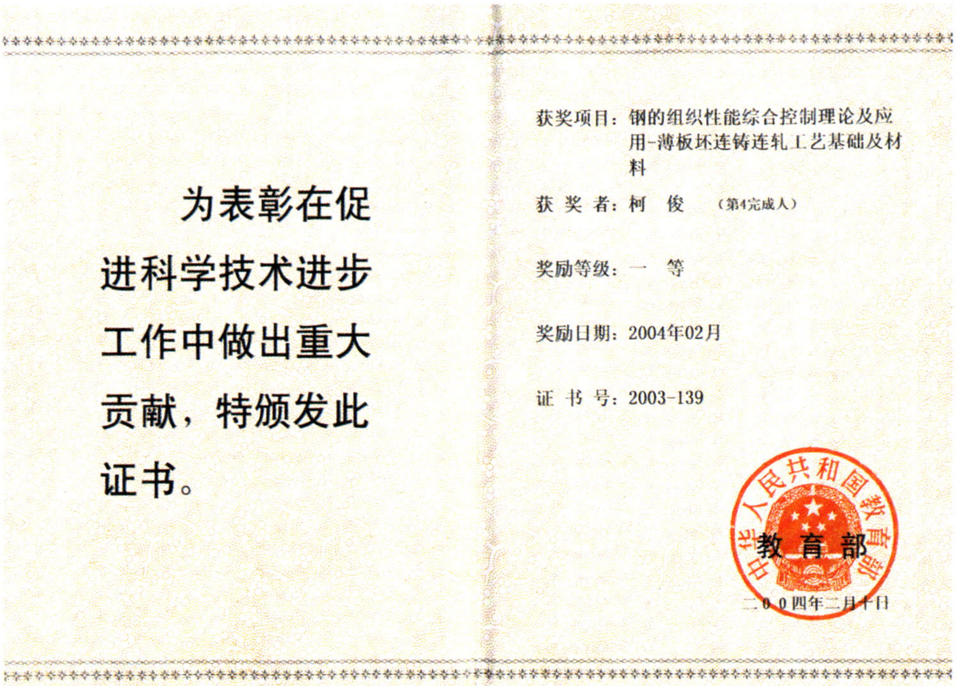

为表彰在促进科学技术进步工作中做出重大贡献，特颁发此证书。

获奖项目：钢的组织性能综合控制理论及应用-薄板坯连铸连轧工艺基础及材料

获 奖 者：柯 俊 （第4完成人）

奖励等级：一 等

奖励日期：2004年02月

证 书 号：2003-139

中华人民共和国教育部

二〇〇四年二月十日

2004 年“钢的组织性能综合控制理论及应用—薄板坯连铸连轧工艺基础及材料”

项目获教育部一等奖

# 培养电子显微学人才

第一台国产电子显微镜 DX-3 型（南京江南光学仪器厂研制）及当时的负责人陈梦谪

1958 年，我国历史上第一批国产透射电镜——南京江南光学仪器厂研制的 DX-3 型电镜问世，北京钢铁工业学院购置了一台。与原有的真空喷镀仪一起，成为金属物理教研室电镜组的基本设备，为金属物理专业取得丰厚的科研成果做出了很大贡献。

1964 年，北京钢铁学院得到当时冶金部科技司的大力支持，购置了一台透射电镜（捷克产的 Tesla 413 型）与一台扫描电镜（英国剑桥产的 S-250 型），两台电镜分别于 1968 年和 1972 年从国外运抵北京并顺利安装运行，为广大师生的科研教学创造了条件。

1980 年，为了更广泛地开展学术交流，促进我国电子显微学及其应用水平的提高，在钱临照、郭可信等人的倡议下，中国电子显微镜学会成立，柯俊担任副理事长。他和郭可信一起主持过多次国内国际电子显微学学术会议。1980 年中国电镜学会在四川成都召开成立大会，柯俊、郭可信与时任日本电镜学会第 27 届会长的桥本初次郎商讨了中日双边电镜研讨会的交流方式。次年他们和日本电镜学会第 28 届会长小川和郎等人共同举办了“第一届中日电子显微学讨论会”。

1984 年，在柯俊与日本金属学会会长、东京大学名誉教授桥口隆吉、田冈忠美的共同倡议下，组织了中日金属学及金属物理讨论会，为我国中青年学者提供了更多参与国际学术交流、学习和了解国外学术发展动态的机会，同时也促进了中日两国电子显微学和材料科学工作者的合作。

1985 年，柯俊、郭可信接受了时任国际电子显微镜学联合会主席桥本初次郎的建议，成立了电子显微镜培训中心。培训中心的负责人、授课老师和实验室辅导教师全部由北京钢铁学院金属物理电镜组的老师和实验室工作人员担任。

1986 年，在郭可信的积极倡议下，JEOL（日本电子）公司以桥本教授的名义赠送了一台全新的 JEM100CX- Ⅱ透射电镜以供我国培训电镜人才，这台崭新的透射电镜安装在北京钢铁学院并投入运行。桥本初次郎教授于 1987 年起连续 10 年在北京钢铁学院举办“桥本讲座”系列报告会，向我国电镜工作者和研究生传授电子显微学知识、经验和最新进展。

1984 年中日金属学及金属物理讨论会上桥口隆吉教授发言

1981 年接待美国加利福尼亚大学国际著名电镜专家 G. Thomas 教授来访
右起：柯俊、章守华、Thomas、肖纪美、柳得橹

1985 年美国电镜学会的主要成员 D. B. Williams、C. E. Fiori、C. E. Lyman 等人应邀来北京进行学术交流，
在北京钢铁学院作了关于分析电子显微镜技术的系列学术讲座和实验演示

1986 年柯俊（左）、郭可信（右）与日本电子株式会讨论赠送我国透射电镜事宜

1986 年 JEOL 公司赠送 JEM100CX-II 电镜
前排左起：肖纪美、桥本初次郎、柯俊；
后排左起：孙永谦、周政谦、吕伟、赵重力、陈梦谪

1987 年柯俊（左一）和黄务涤（左三）接待剑桥大学 P. Christian 教授（左二）

1988 年 Cockayne 教授全家在新桥饭店与王润（右四）、柯俊（右三）及电镜室教师合影

1988 年电镜室教师与 Cockayne 教授及家人合影

鉴于柯俊的重要贡献，1989 年日本金属学会授予他荣誉会员，中国电子显微镜学会授予他荣誉会员的特殊荣誉，1990 年中国电子显微镜学会授予他第二届“桥本初次郎奖”。1998 年 9 月在大连召开的第十次全国电子显微学会议上，郭可信向柯俊颁发了“钱临照奖”。

1989 年“桥本讲座”合影（柯俊，右四）

1990 年 9 月在乌鲁木齐举行的第五届中日电子显微学讨论会合影（柯俊，前排左八）

1992 年柯俊主持亚太地区电子显微镜年会，前排为英国牛津大学材料系主任 Peter Hirsch 教授

1995 年柯俊接待桥本教授和英国牛津大学 M. J. Whelan 教授等人

陈难先（左一）、桥本（左二）、郭可信（左三）、柳得橹（左五）、Whelan（右二）、柯俊（右一）

1995 年柯俊参加第八届中日电子显微镜学讨论会

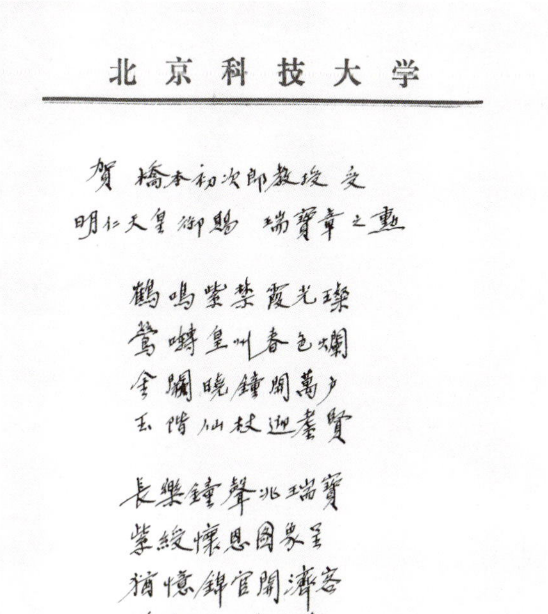

北京科技大学

賀 橋本初次郎教授 受
明仁天皇御賜 瑞寶章之勳

鶴鳴紫禁霞光璨
鶯囀皇州春色斕
金闕曉鐘開萬户
玉階仙杖迎耆賢

長樂鐘聲兆瑞寶
紫綬懷恩國象呈
猶憶錦官開濟客
陽春一曲众共歡

柯俊 謹賀
平成四年五月六日

柯俊为桥本题词

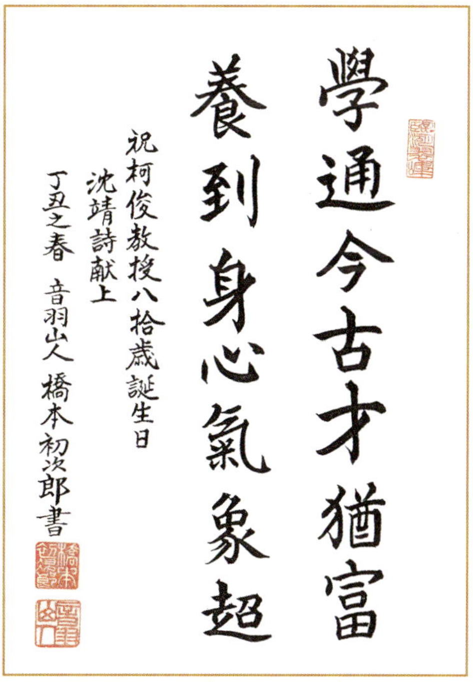

學通今古才猶富
養到身心氣象超
祝柯俊教授八拾歲誕生日
沈靖詩献上
丁丑之春 音羽山人 橋本初次郎書

桥本祝贺柯俊八十岁生日

1998 年柯俊在大连参加第九届中日电子显微学讨论会

1998 年柯俊与中国电镜学会的部分常务理事合影

左起：汤雪明、柯　俊、姚骏恩、褚一鸣、李方华、陈德惠、郭可信、朱　静

2000 年日本电镜学会主席 Makoto Shiojiri 来访

左起：柳德橹、孙祖庆、Makoto Shiojiri、柯俊

2000 年柯俊在家中书房

2003 年柯俊接待来访的 Cockayne 夫妇

前排左起：陈梦谪、Cockayne 夫人、柯俊、Cockayne；

后排左起：邹进、吴杏芳、王蓉、谢锡善、柳得橹

2006 年柯俊（前排左七）与北京科技大学高分辨电子显微图像处理培训班成员合影

2012 年柯俊与北京大学彭练矛教授（左）、陈清教授（右）

# 第三部分　冶金考古　铸科技文明

## 古代冶金研究

1974 年，北京钢铁学院受冶金工业部、国家文物局和中共北京市委的委托，要编写一部《中国冶金史》，为此成立了由“工人、教师、干部”组成的“三结合”的《中国冶金史》编写组，柯俊作为“重要的专家”参与其中。1978 年，《中国冶金简史》由科学出版社出版，《中国古代冶金》由文物出版社出版。

1976 年冶金史组在天安门（柯俊，后排左一）

1976 年柯俊（中）与丘亮辉（左）、朱寿康（右）考察

1978 年冶金史研究室合影（后排左四为柯俊）

1978–1986 年冶金史著作

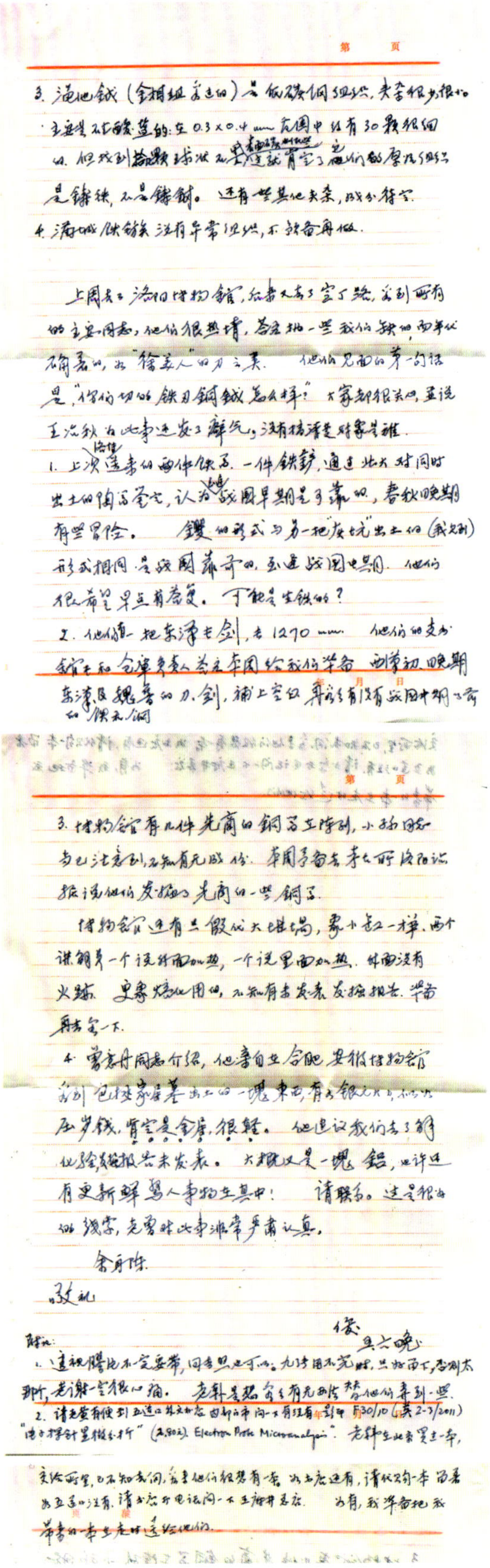

柯俊致丘亮辉的信

在冶金史研究室刚成立的几年时间里，柯俊等组织小分队到全国各地的考古和文博单位学习和探索，“主要是诚心诚意地为地方考古、博物馆和历史工作者服务，介绍我们能做什么，怎么去做，能解决什么问题”。

20 世纪 70 年代，在中国科学院考古研究所所长夏鼐的支持下，柯俊用电子探针等先进的技术对商朝末期的铁刃铜钺亲自进行了深入、细致的分析，最终在这件已经锈蚀的铁刃铜钺中找到了镍钴分层的现象。根据镍在锈蚀中的层状分布得出了最终结论：这件公元前 14 世纪的铁刃铜钺其刃部是由陨铁制成的。随后在《考古学报》1976 年第 2 期发表，立即受到国内外考古学者及陨铁专家的重视，出色的鉴定工作得到了著名考古学家夏鼐的支持和世界同行的肯定。

柯俊利用现代设备开展了我国金属文物和冶金遗物的系统研究，建立了一支有奉献精神、高水平的科研队伍，发展了定量考古学，并取得了重大突破，使我国古代冶金史研究在国际的地位大为提高。

1976 年柯俊（右）与夏鼐（左）在安阳合影留念

1976 年夏鼐（中）、郑振香（右）与柯俊（左）
在安阳殷墟考古发掘工地

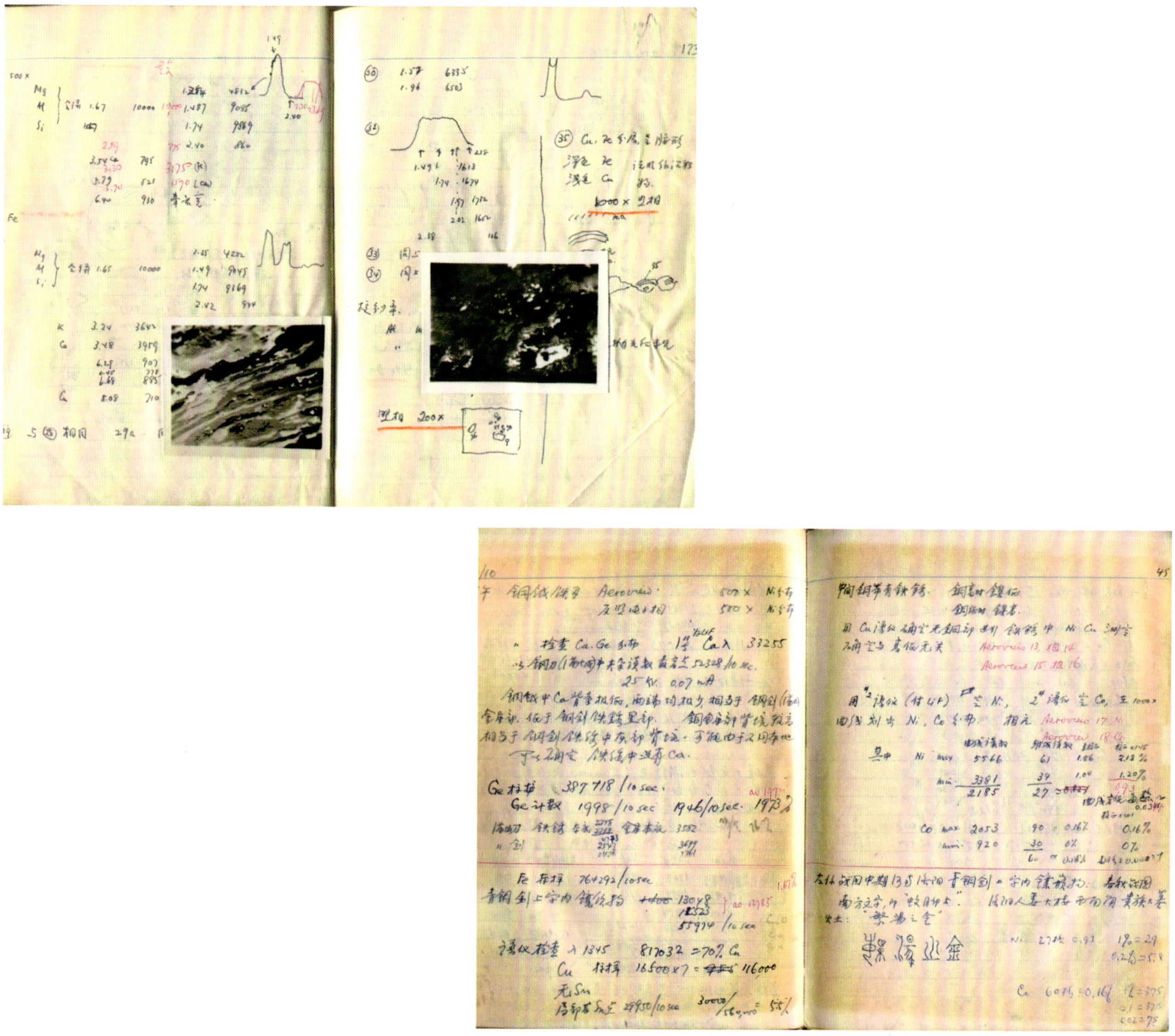

柯俊关于铁刃铜钺的实验记录本

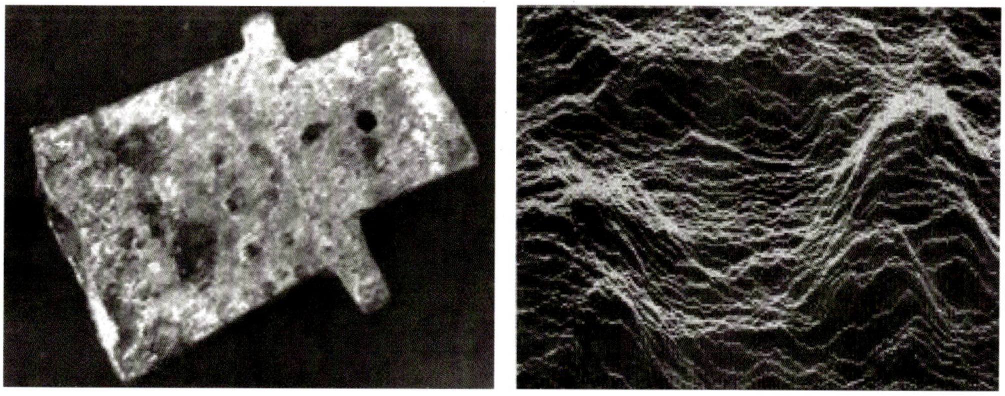

河北藁城台西村出土商代铁刃铜钺及其层状镍分布图

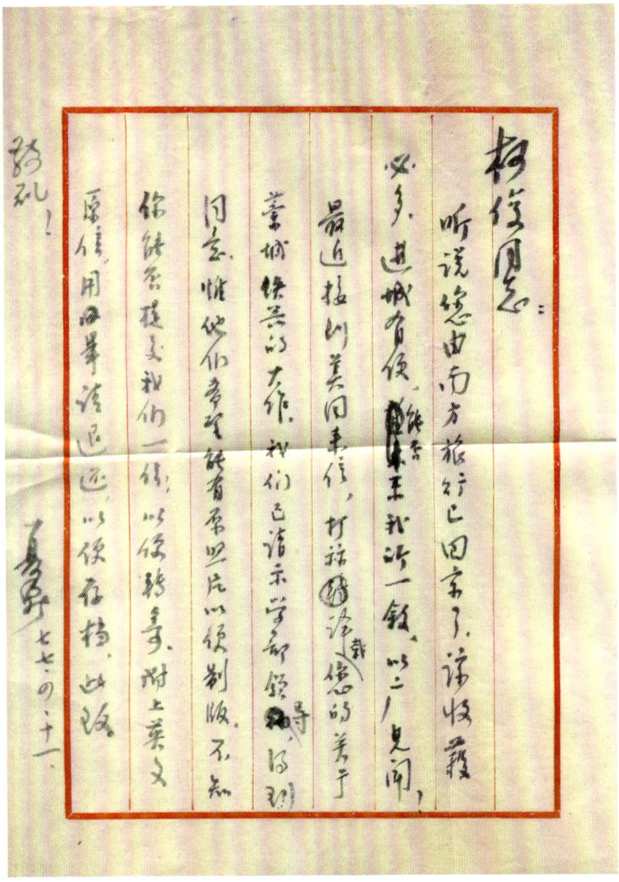

柯俊同志：听说您由西方旅行已回家了，谅收获必多。进城有便，请来我处一叙，以广见闻。最近接到美国来信，打听您的关于藁城铁器的大作。我们已请示学部领导同意，惟他们要求能有原照片以便制版，不知您能否提交我们一份，以便转寄。附上英文原信，用毕请退还，以便存档。此致敬礼！夏鼐 七七、四、十一

1977年夏鼐写给柯俊的信

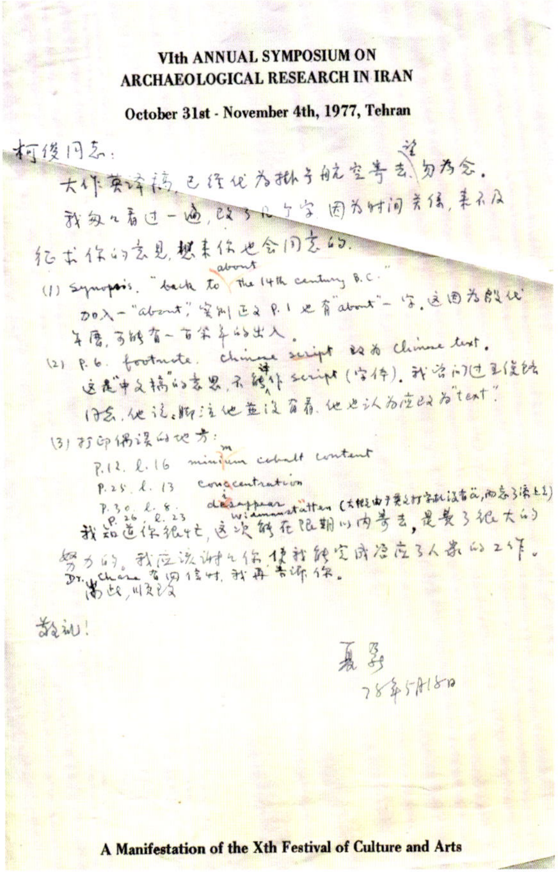

VIth ANNUAL SYMPOSIUM ON
ARCHAEOLOGICAL RESEARCH IN IRAN
October 31st - November 4th, 1977, Tehran

柯俊同志：
大作英译稿，已经代为挂号航空寄去，勿为念。
我匆匆看过一遍，改了几个字，因为时间关系，来不及征求你的意见，想来你也会同意的。
(1) Synopsis. "back to about the 14th century B.C." 加入一"about"，实则正文 P.1 也有"about"一字，这因为年历可能有一百余年的出入。
(2) P.6. footnote. Chinese script 改为 Chinese text. 这是中文稿的意思，不是指 script（字体）。我曾问过王俊铭同志，他说，脚注他并没看过，他也认为应改为"text"。
(3) 打印错误的地方：
P.12, l.16 minium cobalt content
P.25, l.13 concentration
P.30, l.8 disappear
P.26, l.23 Widmanstätten
我知道你很忙，这次能在限期以内寄去，是费了很大的努力的。我应该谢谢你使我能完成答应了人家的工作。
Dr. Chara 有回信时，我再告诉你。
匆此，顺致
敬礼！
夏鼐 78年5月18日

A Manifestation of the Xth Festival of Culture and Arts

1978年夏鼐写给柯俊的信

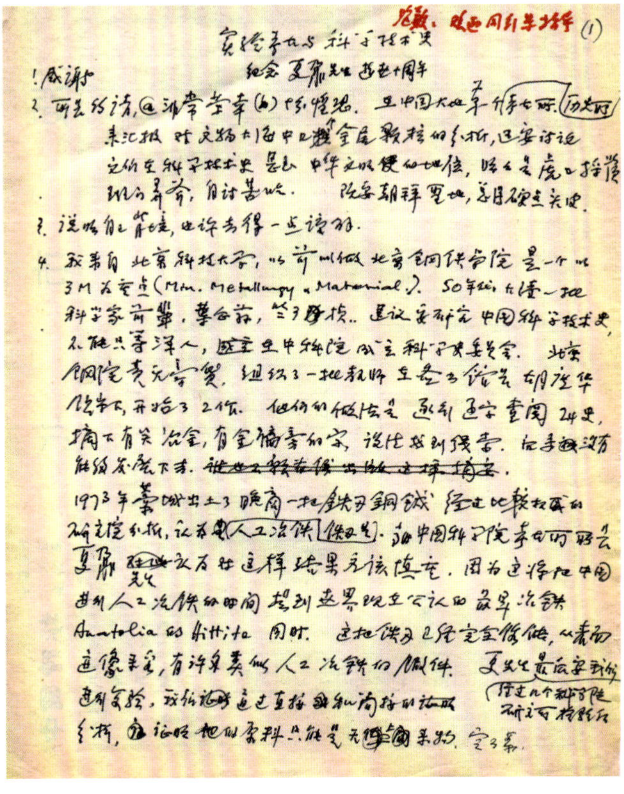

实验考古与科学技术史
纪念夏鼐先生逝世十周年
1. 感谢

1995年柯俊在夏鼐逝世十周年纪念大会上的讲话稿

1979年柯俊、韩汝玢在河南古荥炼铁遗址调查

1979年柯俊在野外调查

1979 年柯俊等在河南登封考察少林寺铁钟

1979 年柯俊（前排右二）在陕西姜寨遗址考察并与考古工作者合影

1981年柯俊陪外国专家在湖北铜绿山考察

1981年柯俊与麻省理工学院史密斯教授参观铜绿山矿冶遗址

1983年柯俊在河北磁县考古发掘工地

1983 年柯俊在河北武安县矿山村考察冶铁炉

1985 年柯俊进行了早期转炉炼钢技术及中国工人的作用的调查研究，并亲赴现代转炉炼钢创始人凯利（W. Kelly) 试验旧址进行考察。他写下：“据美国可靠记载，西方十九世纪中叶近代转炉炼钢创始人 Kelly，曾有华工至少二十余人参与了创新试验；距转炉发明地一溪之隔留有高炉、华人街和有碑无名墓二十余座。如能发掘并确证系参与发明转炉试验，在我国以转炉为主、跃居世界钢铁产量第一的今天，为加深美中人民的深厚情谊，更具有重要和深远意义。”由于柯俊对炼钢技术工业考古的努力，转炉发源地美国爱德维城（Eddyville），授予柯俊“钢铁大师”（Iron Master）的荣誉称号。

# Ironmaster

of 1985

PROFESSOR TSUN KO

*having completed all requirements, possessed of all necessary skills, carried out and other good works, and shown proficiency therein, having been duly considered and judged by the people of Lyon County, and more specifically by his peers of Eddyville, Kentucky, has been found worthy and is hereby granted the title of,*

*Ironmaster of 1985*

*in keeping with the great tradition of Ironmaster William Kelly, the inventor of steel making, by the Business & Professional Association of Eddyville, KY.*

Robert G. Harris — President

Lilburn Van Denney — Secretary

1985 年美国爱德维城授予
柯俊“钢铁大师”（Iron Master）荣誉称号

# Chinese visitors here last week researching Kelly, immigration

If the Chinese visitors to Lyon County last week have their way a few history books may have to be rewritten.

Dr. Tsun KO of Peking, China; his son, Yeng Ke, who is working toward his Ph.D. in geography at the University of Illinois in Urbana; David Chu from the University of California at Berkeley and his daughter, Miyoko "Coco" Chu were in the county last week researching the work of William Kelly and the immigration of Chinese people into Lyon County.

Dr. KO, who is a specialist in metaullurgy, the study of metals, its productions and its uses, feels that Kelly who came to Lyon County in 1846 was the first to try to convert pig iron into steel through the use of a new method, that of blowing air into molten iron. The importance of this process is that it is the origin of the steel making process used today.

Chu who is with the Center for Chinese Studies at Berkeley and working on his dissertation on Chinese immigration to America, is looking for proof that the first Chinese in the United States were ones brought by Kelly to work in his iron furnaces in Lyon County as early as the 1840s.

As far as Kelly's new process that replaced "pottling" or stirring, KO said Henry Bessemer had similar experiments and patented the process but there is no doubt that Kelly started experimenting first but has never been given the credit.

Chu said there is a possibility Bessemer was one of two Englishmen who worked for Kelly and that if this is true it sounds to him like a 19th century industrial spy story.

KO is an expert in modern steel making and in the history of not only steel but in all metal making processes and interested in the transmission of technical knowledge from different cultures. He is a member of the Chinese Academy of Sciences, advisor to the president of Bejing University of Iron and Steel Technology and president of the Chinese Society for the History of Science and Technology, which is a very large historical society of the history of metallurgy world wide both ancient and modern.

Chu's father also is a metallurgist and Chu's Ph.D. work has centered on contemporary China and Chinese society as it is right now. He said he had never heard anything about this portion of Kentucky history (the presence of Chinese in Lyon County before 1850) before talking with Dr. KO.

Chu said Asian/American history books state that Chinese first came to the United States in 1850 to work in gold mines and on the railroads and if Chinese were indeed here before, the history will need to be rewritten. Chu said the Department for Asian/America studies at Berkley is the only department in the country to offer a Ph.D. in that speciality. Because of this he has a strong interest in the subject.

No names resembling Chinese surnames were found in the 1850 Caldwell County census, but Chu said the 1860 Lyon County census listed three names, Jim Fo, Louisa Fo and E. You, who was born in Peking, China. Louisa Fo was 20 in 1860 and born in Kentucky. Chu is hoping to find descendants of old Chinese families here and has been told of a Chinese cemetery near here. Anyone with any such information is asked to contact the HERALD LEDGER or write to him at the following address: David S.K. Chu, Research Assistant, Center for Chinese Studies, 2223 Fulton St., University of California, Berkeley, CA 84720. Phone: (office) (415)643-6321 or (home) (415)524-9375.

Chu has been in the United States for 12 years. His wife is a native of California and is of Japanese ancestry.

While in Lyon County Dr. KO and Chu and their companions talked with local historians and

Continued on page 2

Chinese visitors to Lyon County last week are pictured with the historical marker located across from Suwanee Furnace Baptist Church that tells of William Kelly and his discovering of a new steel making method. Pictured from left are David Chu, "Coco" Chu, Dr. Tsun KO and Yeng Ke.

visited such sites as the site of

爱德维城当地报纸关于柯俊等中国学者访问的报道

1987 年柯俊（左）、朱元凯（中）、朱寿康（右）在讨论问题

1987 年国家自然科学奖三等奖

“中国古代钢铁技术发展的历程”获 1987 年度国家自然科学奖三等奖、国家教委科技进步奖二等奖。

1988 年柯俊参加在美国加州大学圣迭戈分校第五届中国科学史国际会议

左起：席泽宗、柯俊、王铃、何丙郁、刘广定

1988 年 12 月，由于柯俊对中国科学技术史特别是冶金史的贡献，以及对促进中英学术交流的努力，英国萨瑞大学授予他荣誉博士学位，这是该校在李约瑟（1976 年）之后授予的第二位研究中国科学技术史的荣誉博士。

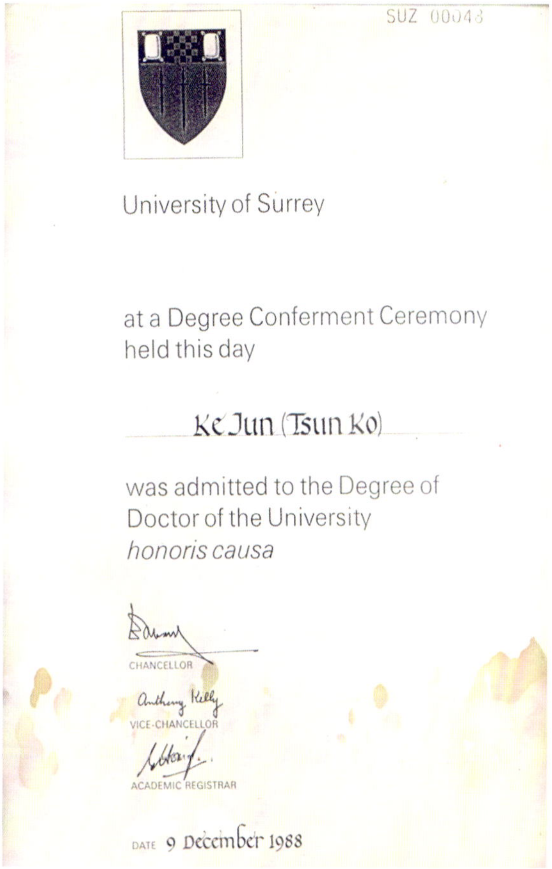
SUZ 00048

University of Surrey

at a Degree Conferment Ceremony
held this day

Ke Jun (Tsun Ko)

was admitted to the Degree of
Doctor of the University
*honoris causa*

CHANCELLOR

VICE-CHANCELLOR

ACADEMIC REGISTRAR

DATE 9 December 1988

1988 年柯俊获英国萨瑞大学荣誉博士学位证书

1988 年英国萨瑞大学授予柯俊荣誉博士学位

1988 年柯俊访问英国剑桥李约瑟研究所

1988 年柯俊参加山西晋文化学术研讨会

左起：吴坤仪、苏秉琦、柯俊、孙淑云

1988 年柯俊在日本的学术会议上报告中国冶金技术发展史

1989 年柯俊与美国丹佛艺术博物馆邦克女士

1989 年考察辽宁凌源牛河梁遗址

左起：孙淑云、郭大顺、柯俊、闻广、韩汝玢、孙守道

1990 年 5 月法国 A. Ploquin 教授来访（柯俊，右一）

1990 年何丙郁受聘为北京科技大学名誉教授

（前排左二为柯俊、右二为何丙郁）

1993 年柯俊（左三）考察安徽南陵古铜矿

1994 年柯俊（右）在乌兹别克斯坦考察

1995 年日本国立民俗博物馆友人来访

左起：徐金梧、柯俊、田口勇、孙淑云、韩汝玢、斋藤努、坂本稔

1995 年柯俊（前排右二）参加故宫博物院《台湾古越阁藏青铜兵器精粹展》学术讨论会

1997 年英国剑桥李约瑟研究所何丙郁教授来访合影

前排左起：李延祥、韩汝玢、何炳郁、柯俊、洪彦若、谢逸凡

后排左起：潜伟、周忠福、孙淑云、李前懋、李秀辉、刘建华、姚建芳

1997 年柯俊接待美国波士顿大学慕容杰（左）来访

1997 年柯俊（左一）接待英国李约瑟研究所古克礼（左三）和莫菲特（左二）来访

1999 年柯俊在湖北省博物馆

2002 年柯俊在郭沫若纪念馆

2002年柯俊（左四）参加全国金属史和钱币史学术研讨会

2002年柯俊（左三）与冶金与材料史研究所师生讨论问题

2004 年柯俊（中）与冶金史师生观察冶金遗物

2004 年柯俊（中）与石新明（右）、韩国留学生闵京基（左）在浙江考察

2004 年柯俊（右二）接待美国橡树岭国家实验室主任 Jeffrey Wadsworth 来访

2006年柯俊在中国钱币博物馆“中国古代铸钱工艺展”开幕式上讲话

2007年柯俊（右二）、韩汝玢（左一）、孙淑云（右一）与席泽宗（左二）参加中国科学院自然科学史研究所50周年庆祝活动

2009年Donald Wagner博士（右）向柯俊（左）赠送英文版《中国科学技术史·钢铁卷》

2010 年柯俊（左三）参观铸铁中国展览

2012 年柯俊（左）与印度高等研究院院长 Srinivasa Ranganathan 教授

2013 年柯俊（左）会见美国理海大学 Michael Notis 教授（右）

# 创办国际冶金史大会

1981 年，首届“金属及其合金的早期使用”BUMA（Beginning of the Use of Metals and Alloys）学术会议在北京召开，由时任美国麻省理工学院材料系主任的史密斯（C. S. Smith）教授、宾夕法尼亚大学材料系主任麦丁（R. Maddin）教授和北京钢铁学院副院长柯俊教授共同发起举办。

1986 年在河南郑州、1994 年在河南三门峡、2006 年在北京举办了第二、三、六届国际冶金史学术会议（BUMA），柯俊一直积极参与与主持。

1981 年第一届国际冶金史会议在北京钢铁学院召开，部分中外代表在会议室合影
（二排左三为夏鼐，左七为柯俊）

1981 年第一届国际冶金史会议期间柯俊（右）与史密斯教授交流

1986 年柯俊参加第二届国际冶金史会议期间参观郑州古荥冶铁遗址的大积铁

1994 年柯俊参加在河南三门峡举办的第三届国际冶金史会议

1998 年柯俊（前排右一）在日本岛根举办的第四届国际冶金史会议晚宴上合影

2002 年柯俊（右三）参加在韩国庆州举办的第五届国际冶金史会议

2006 年柯俊与麦丁教授（左）亲切交谈

2006 年柯俊在第六届国际冶金史会议开幕式发言

2006 年柯俊（前排右七）参加在北京科技大学召开的第六届国际冶金史会议

# 建立科学技术史专业

北京科技大学冶金与材料史研究所于1990年和1996年分别获得科学技术史学科硕士和博士学位授予权，是国内第一个科学技术史（工学）博士点。科学技术史一级学科2007年被批准为国家重点学科，2012年在教育部“全国一级学科排名”中名列第一。

1985 年冶金史研究所教师合影（柯俊，左四）

1987 年柯俊、韩汝玢与研究生梅建军（右四）、李延祥（右二）

1987 年澳大利亚电视台在铸工车间拍摄节目

1987 年柯俊、韩汝玢、吴坤仪与日本友人关清（右二）

1995 年冶金与材料史研究所教师在图书馆一楼老办公室门前合影

柯俊在1984年开始，招收科学技术史方向的研究生。早期研究生的课题方向均是以冶金与材料史为主，2000年以后，研究方向拓展到科学技术与社会、文物保护等方面，研究历史上科学技术的发展对人类文明进步的影响，为未来的科技发展和促进社会进步起借鉴和引领作用。这些毕业生目前在各自的工作岗位和领域都已成为中坚力量。

**柯俊在科学技术史专业培养的研究生**

| 毕业时间 | 姓　名 | 学位 | 论文题目 | 工作去向 |
|---|---|---|---|---|
| 1987 | 梅建军 | 硕士 | 中国古代镍白铜冶炼技术研究 | 英国剑桥李约瑟研究所 |
| 1988 | 李延祥 | 硕士 | 中国古代火法炼铜技术初步研究 | 北京科技大学 |
| 1989 | 王凯民 | 硕士 | 半导体硅材料发展史 | 总装备部炮兵防空兵装备技术研究所 |
| 1991 | 苗长兴 | 硕士 | 从河南铁器鉴定论封建社会后期钢铁技术的发展及灌钢技术的初步研究 | 工业和信息化部<br>中小企业发展促进中心 |
| 1995 | 李延祥 | 博士 | 铜绿山•九华山古代炼铜炉渣研究 | 北京科技大学 |
| 1998 | 周忠福 | 博士 | 高锡青铜漆古层形成机理 | 英国加的夫大学 |
| 2001 | 潜　伟 | 博士 | 新疆哈密地区史前时期铜器的研究及其与邻近地区文化的关系 | 北京科技大学 |
| 2004 | 李晓岑 | 博士 | 古滇地区出土金属器的技术研究 | 北京科技大学 |
| 2005 | 郭　宏 | 博士 | 广西花山风化机理及其治理机理 | 中国文化遗产研究院 |
| 2005 | 闵京基 | 博士 | 中韩中小企业发展与技术创新政策比较研究 | 韩国中小企业厅 |
| 2008 | 何秀萍 | 博士 | 内蒙古地区能源经济发展研究 | 内蒙古自治区科技厅 |
| 2008 | 祁映宏 | 博士 | 中国中学物理教材发展史研究 | 北京市育才学校 |
| 2008 | 曲用心 | 博士 | 秦汉时期铜器和铁器在岭南地区的使用及其影响 | 广西民族大学 |
| 2008 | 方一兵 | 博士 | 从汉冶萍公司看中国近代钢铁技术移植及其影响 | 中国科学院自然科学史研究所 |
| 2009 | 宋　琳 | 博士 | 中国电子显微学发展的社会性别研究 | 北京科技大学 |
| 2010 | 林怡娴 | 博士 | 新疆尼雅遗址玻璃器的科学研究 | 北京联合大学 |
| 2010 | 刘建华 | 博士 | 中国技工学校教育发展历程研究 | 华北水利水电大学 |
| 2012 | 石新明 | 博士 | 北京钢铁学院建校初期（1952-1966）的大学文化研究 | 团中央学校部 |
| 2013 | 宋海龙 | 博士 | 17-19世纪中国与欧洲枪械比较研究——以两次鸦片战争为重点 | 解放军信息工程大学 |
| 2014 | 向安强 | 博士 | 泛珠三角地区出土古稻的科技考古研究 | 华南农业大学 |

1987 年梅建军在中国科学技术大学进行硕士学位答辩

前排左起：柯俊、韩汝玢、李志超、钱临照

1995 年第一位冶金史方向博士生李延祥毕业答辩

前排左起：李文超、柯俊、李延祥、钟香崇、蔡志鹏

后排左起：韩汝玢、张圣弼、朱元凯、殷玮璋、李秀辉

2005 年郭宏博士学位论文答辩委员会成员合影

左起：李延祥、孙淑云、李前懋、韩汝玢、郭宏、柯俊、王丹华、陆寿麟、周宝中、黄克忠

2003 年冶金与材料史研究所师生共庆圣诞和元旦（柯俊，二排右四）

2007 年冶金与材料史研究所全体教师合影
前排左起：李延祥、孙淑云、柯俊、韩汝玢、梅建军
后排左起：潜伟、李秀辉、章梅芳、刘建华、于春梅、李晓岑

## 成立科学技术与文明研究中心

2004 年，在柯俊的倡导和学校支持下，为进一步拓展研究方向，整合国内研究资源，北京科技大学成立科学技术与文明研究中心。中心邀请了国内考古、历史、文物保护领域的知名学者和专家组成理事会，每年 12 月举行中心理事会和学术委员会年会，各位理事与委员为中心的发展提出了很多宝贵的意见与建议。2014 年，北京科技大学科技史与文化遗产研究院在此基础上正式成立。

2004 年北京科技大学冶金与材料史研究所 30 周年庆典暨科学技术与文明研究中心成立大会合影

2004 年在北京科技大学科学技术与文明研究中心成立大会上讲话

2005 年柯俊（右）与李学勤（中）在北京科技大学科学技术与文明中心理事会上

2007 年柯俊（前排左八）参加北京科技大学科学技术与文明研究中心理事会与学术委员会工作会议

2011 年柯俊（左）九十四岁生日

2013 年科学技术与文明研究中心老师祝贺柯俊生日

前排左起：王东宁、王湧、韩汝玢、柯俊、孙淑云、梅建军

后排左起：石新明、潜伟、章梅芳、李建西、马赞峰、李延祥、李晓岑、陈坤龙

# 第四部分　桃李天下　成一代宗师

## 国际合作育英才

1979 年，柯俊任北京钢铁学院副院长，更加关注工程教育，特别是与国际一流院校建立联系，共同研究、培养研究生。1979 年，柯俊访问德国亚琛工业大学时，通过他在国际学术界的威望，在达尔（W. Dahl）、勒克（K. Luche）教授的共同努力下，促成北京钢铁学院与德国亚琛工业大学签订了中国改革开放以后的国内第一个国际校际合作协议，打开了国际高等教育合作的大门，开创了中国高校国际合作的新模式。

1981 年，柯俊与学校其他领导赴加拿大访问，与麦克马斯特大学的卢维高、珀迪（G. R. Purdy）教授共同努力，于 1982 年促成两校签订了校际合作协议，此后两校的协议又被纳入中加两国政府之间技术合作的协议中。自 1982 年起，北京科技大学每年派往麦克马斯特大学进修的访问学者、教师等多达数十人，这些老师回校后在学科建设、提高教学质量等方面起到了很好的带头作用。

1979 年北京钢铁学院与德国亚琛工业大学签署两校合作协议

前排：刘少华（左四）；后排：柯俊（左二）、张文奇（左四）、魏寿昆（左六）

1979 年中国冶金教育代表团合影
（柯俊，后排右一）

1979 年柯俊（右二）在德国亚琛工业大学

2004 年柯俊（前排左六）参加北京科技大学与德国亚琛工业大学校际合作 25 周年纪念活动

1979 年北京钢铁学院接待外宾来华学术交流

前排：柯俊（右二）、赵锡霖（右三）、张文奇（右四）、章守华（左一）

20 世纪 80 年代柯俊（左五）在英国剑桥附近小镇的钢铁投资学会

在柯俊的努力下，北京科技大学先后与美国宾夕法尼亚大学、日本东京工业大学、法国图鲁兹大学等国际上 23 所大学建立了密切的合作关系，加速了学校迅速走向国际科技舞台的步伐。为提高中国材料科学研究水平，1981 年柯俊推荐和输送数十名中青年教师、研究生出国深造，大批教师和研究生陆续被选派到世界各地高水平的实验室进修或攻读学位。

1990 年，国家科委、国家教委授予柯俊全国高等学校先进科技工作者称号。1997 年，柯俊获何梁何利基金科学与技术进步奖。1998 年 11 月中旬，柯俊应印度金属学会的约请赴印度科学城班加罗尔参加全印“冶金师日”会议，接受印度金属学会授予他“荣誉会员”称号，并作了题为《中国的金属文化传统》的特约报告。

1983 年柯俊（前排左三）与北京科技大学在加拿大麦克马斯特大学的访问学者合影

1983 年柯俊（前排右一）与张文奇（前排左一）接见外宾

1988 年柯俊（左）与李静波应邀赴英国兰开斯特大学访问

1998 年剑桥大学卡恩（R. Cahn）教授到北京科技大学访问，
柯俊（左）和孙祖庆（右）陪同

1998 年在印度班加罗尔，柯俊（右）被授予印度金属学会“荣誉会员”称号

2002 年柯俊（前排左一）与杨天钧（前排右一）接待密歇根理工大学校长 Curtis Tompkins

2005 年英国剑桥大学 Colin Renfrew 教授受聘为北京科技大学名誉教授（柯俊，左二）

# 尝试21世纪工程教育改革

20世纪90年代，耄耋之年的柯俊意识到国内教育和人才培养方式的一些问题，把目光集中到如何为21世纪的需要改革我国的高等工程教育。他主动到美国、英国、德国等著名大学、公司和研究机构调研，到许多用人单位调研，建议中国科学院技术科学部围绕高等工程教育开展研究，并与张光斗、师昌绪、路甬祥等院士一起承担了“我国高等工程教育改革”咨询课题，将报告提炼成六个问题、六条建议，于1993年春由柯俊执笔，通过时任国务院副总理的李岚清同志向党中央提交了一份关于中国工程教育改革的报告《改革我国高等工程教育，增强我国国力和国际竞争能力》，引起党中央国务院的高度重视。

1995年，柯俊和吴坤仪指导了科学技术史专业的硕士研究生论文《从美国高等工程教育的发展看中国高等工程教育的改革》。1996年在中央和国家教育行政部门的共识和支持下，北京科技大学正式启动了旨在培养工科学生工程意识、创新意识、自学能力和独立工作能力的“大材料”专业试点班的教改课题。在柯俊等的努力下，学校连续三年专门计划与安排，教学改革取得了实质的进展。

2000年12月15日，受全国高等学校教学研究中心的委托，由左铁镛、左禹、师昌绪、严东生、徐祖耀、张寿荣、刘正义7人组成的专家鉴定委员会，对教育部“面向21世纪教学内容和课程体系改革计划”立项的（编号为03-32）由柯俊主持的教学研究项目“材料类专业人才培养方案及教学内容体系改革的研究与实践”进行了鉴定。

由于柯俊等人对“大材料”班十年的辛勤耕耘取得显著效果，此项目2001年获国家级教学成果一等奖、北京市教育教学成果（高等教育）一等奖。

1999年李岚清看望柯俊（右）

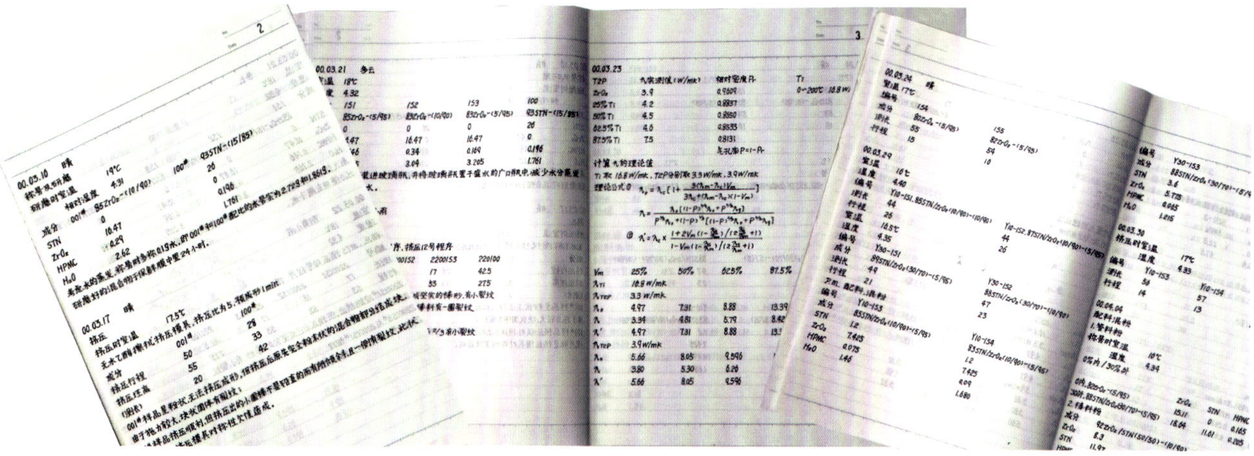

“大材料”96级3班诸荣科研日记

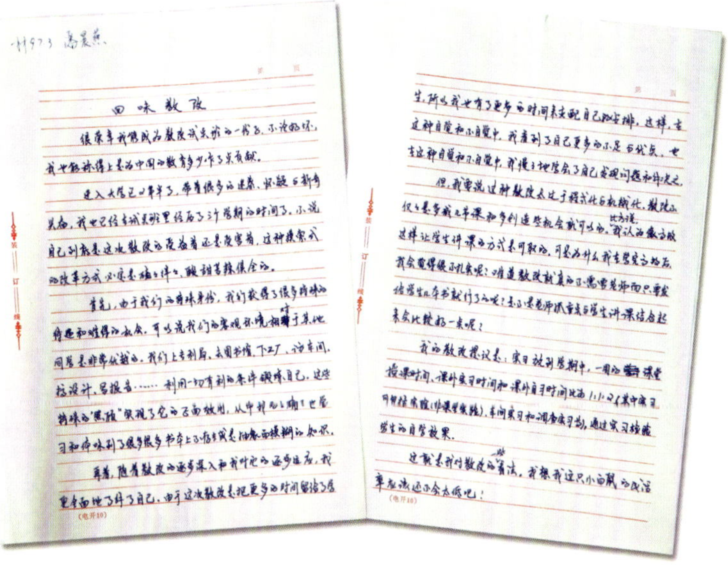

“大材料”97级3班潘晨燕教改总结

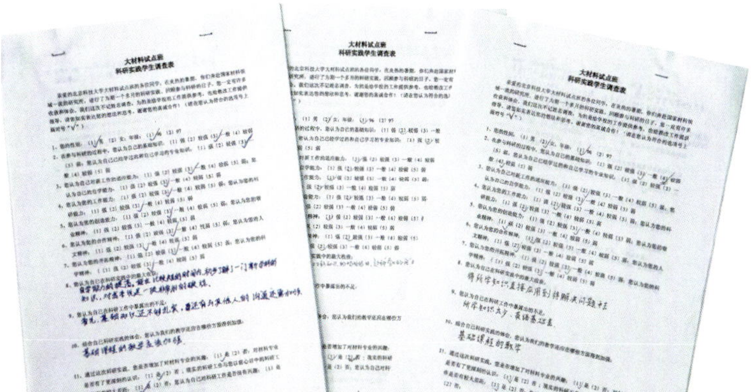

“大材料”班科研实践学生调查表

1999 年柯俊（左五）与材料教育论坛会议代表合影

柯俊与“大材料”班同学一起听报告

2000 年柯俊给“大材料”班讲课

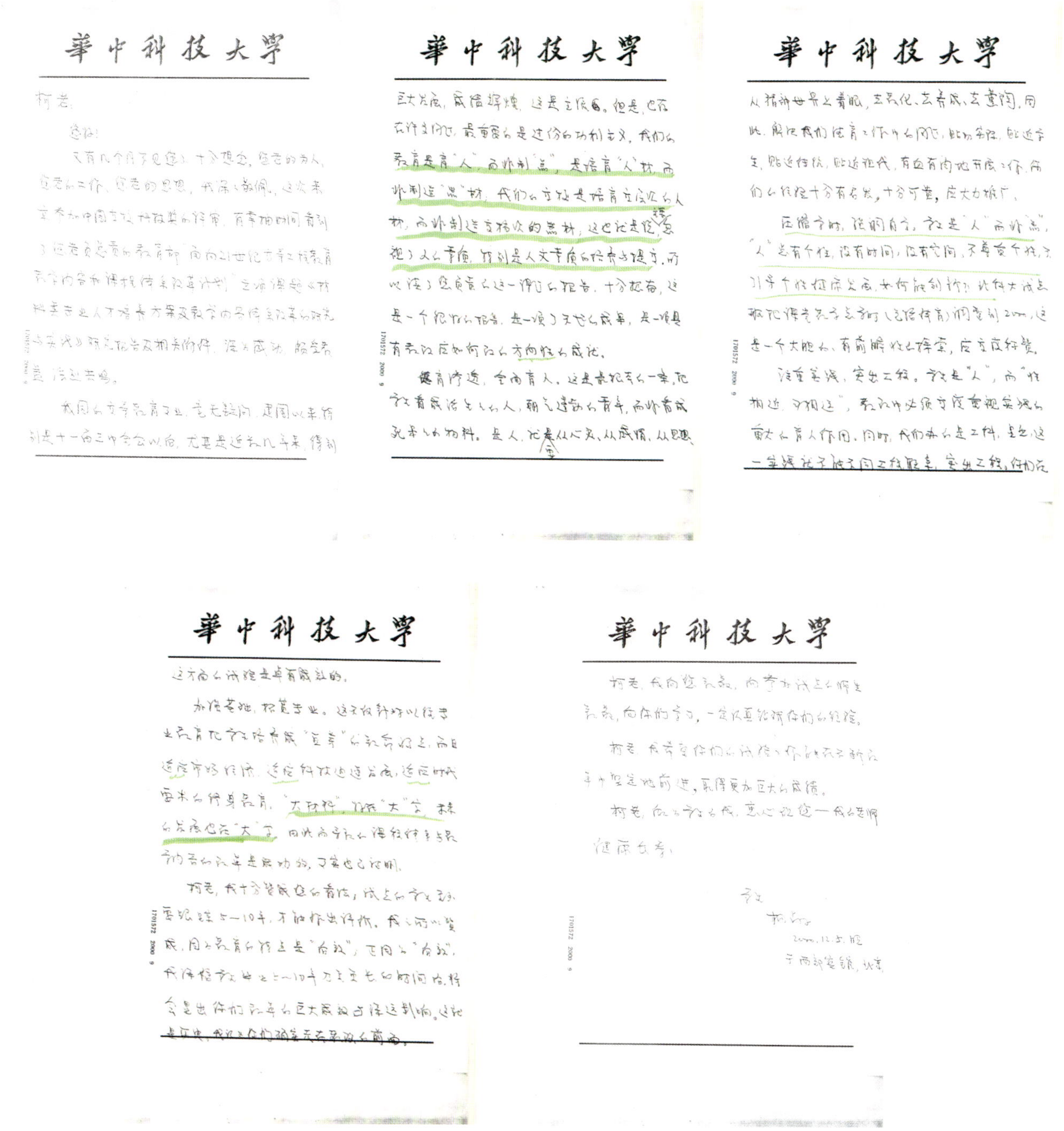
华中科技大学

柯老：

您好！

又有几个月了没见您了，十分想念。您老的为人、您老的工作、您老的思想，我深深敬佩。这次来京参加中国高校科技奖的评审，有幸抽时间看到了您老负总责的教育部"面向21世纪高等工程教育教学内容和课程体系改革计划"立项课题《材料类专业人才培养方案及教学内容体系改革的研究与实践》研究报告及相关文件，深受感动，颇受启益，深受鼓舞。

我国的高等教育事业，毫无疑问，建国以来，特别是十一届三中全会以后，尤其是近几年来，得到

华中科技大学

巨大发展，成绩辉煌，这是主流。但是，也存在许多问题，最重要的是过份的功利主义，我们的教育是育"人"，而非制"器"，是培育"人"材，而非制造"器"材，我们的高校是培育高层次的人材，而非制造高档次的器材，这也就是说，忽视了人的素质，特别是人文素质的培养与提高。所以读了您负责的这一课题的报告，十分振奋，这是一个很好的报告，是一项了不起的成果，是一项具有教改应如何改的方向性的成就。

德育领先，全面育人。这是最根本的一条，它首先看成活生生的人，朝气蓬勃的青年，而非看成加工的物料。是人，就全是从心灵、从感情、从思想、

华中科技大学

从精神世界上着眼，去感化、去培养、去熏陶。因此，解决我们教育工作中的问题，贴切实际，贴近学生，贴近传统，贴近现代，有血有肉地开展工作。你们的经验十分有启发，十分可贵，应大力推广。

压缩学时，控制自学。教育是"人"而非"器"，"人"是有个性，没有时间，没有空间，不尊重个性，不引导个性健康发展，如何能创新？你们大胆将课堂教学总学时（包括体育）调整到2000，这是一个大胆的、有前瞻性的探索，应予肯定。

注重实践，突出工程。教育是"人"，而"性相近，习相远"，教育中必须高度重视实践的重大的育人作用。同时，我们办的是工科，要在这一实践环节之间工程联系，突出工程，你们在

华中科技大学

这方面的试验也卓有成效的。

加强基础，拓宽专业。这是针对以往专业教育化分过细培养成"专才"的教育思想，而且适应市场经济、适应科技迅速发展、适应时代要求的终身教育。"大材料"，抓住"大"字，未来的发展也在"大"字。因此而实施的课程体系与教学内容的改革是很成功的，事实也已证明。

柯老，我十分赞成您的看法：试点的实践效果要经过5—10年，才能作出评价。我之所以赞成，因为教育的特点是"后效"，正因为"后效"，我深信经过5—10年乃至更长的时间后，将会显出你们改革的巨大成效与深远影响。这就是历史，我们、你们将走在历史的前面。

华中科技大学

柯老，我向您致敬，向参加试点的师生致敬，向你们学习，一定认真钻研你们的经验。

柯老，我希望你们的试验工作能在新的千年中坚定地前进，取得更加巨大的成绩。

柯老，向您学习的我，衷心祝您——我的老师健康长寿。

敬礼

杨叔子

2000.12.5.晚

于西郊宾馆，北京

2000年杨叔子与柯俊通信探讨关于"大材料"班的教育改革

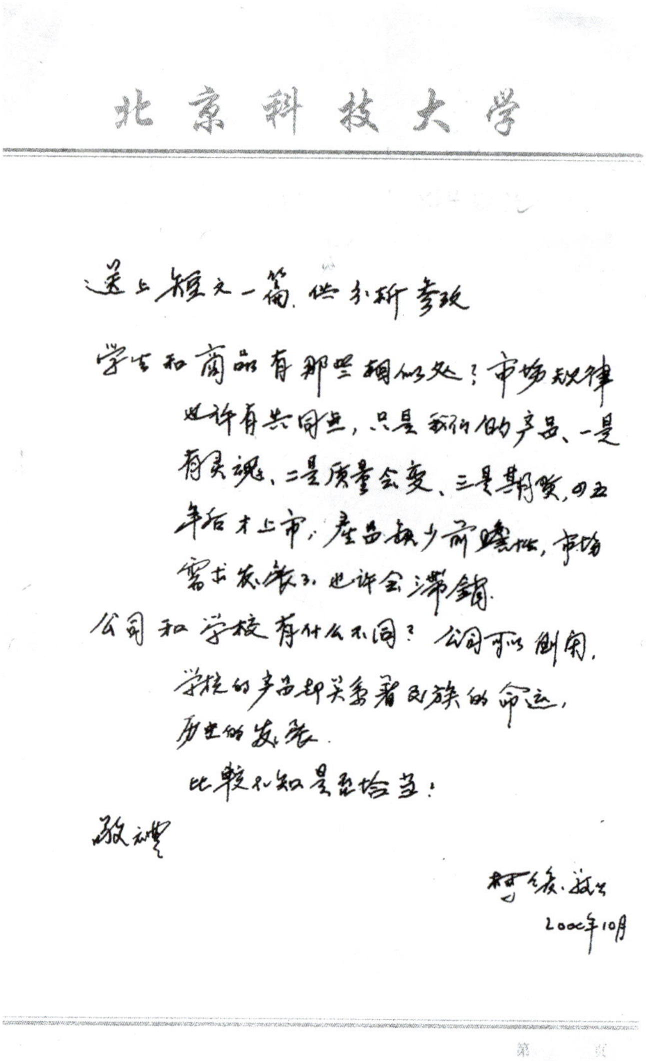

北京科技大学

送上短文一篇，供分析参考

学生和商品有那些相似处？市场规律也许有共同点，只是我们的产品、一是有灵魂、二是质量会变、三是周期长，四五年后才上市；产品缺少前瞻性，市场需求发展了，也许会滞销。

公司和学校有什么不同？公司求的利润，学校的产品却关系着民族的命运，历史的发展。

比较不知是否恰当！

敬礼

柯俊 敬上

2000年10月

第　页

2000 年柯俊致信要求师生思考学生与商品、学校与公司的异同

柯俊参加“大材料”班学术活动

2000 年在北京科技大学召开四校“大材料”本科教改课题鉴定会

前排左起：左禹、徐祖耀、严东生、柯俊、左铁镛、师昌绪、张寿荣、刘正义

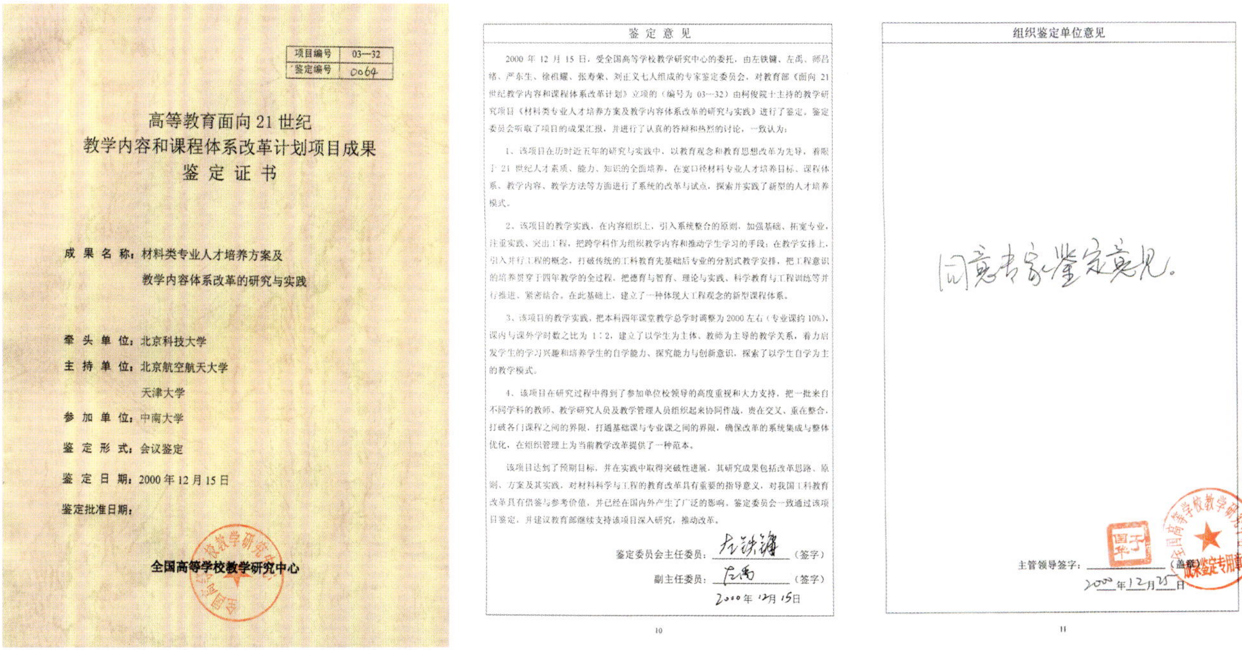

| 项目编号 | 03—32 |
| --- | --- |
| 鉴定编号 | 0064 |

高等教育面向 21 世纪
教学内容和课程体系改革计划项目成果
鉴定证书

成果名称：材料类专业人才培养方案及教学内容体系改革的研究与实践

牵头单位：北京科技大学

主持单位：北京航空航天大学
天津大学

参加单位：中南大学

鉴定形式：会议鉴定

鉴定日期：2000 年 12 月 15 日

鉴定批准日期：

全国高等学校教学研究中心

鉴定意见

2000 年 12 月 15 日，受全国高等学校教学研究中心的委托，由左铁镛、左禹、师昌绪、严东生、徐祖耀、张寿荣、刘正义七人组成的专家鉴定委员会，对教育部《面向 21 世纪教学内容和课程体系改革计划》立项的（编号为 03—32）由柯俊院士主持的教学研究项目《材料类专业人才培养方案及教学内容体系改革的研究与实践》进行了鉴定。鉴定委员会听取了项目的成果汇报，并进行了认真的答辩和热烈的讨论，一致认为：

1、该项目在历时近五年的研究与实践中，以教育观念和教育思想改革为先导，着眼于 21 世纪人才素质、能力、知识的全面培养，在宽口径材料专业人才培养目标、课程体系、教学内容、教学方法等方面进行了系统的改革与试点，探索并实践了新型的人才培养模式。

2、该项目的教学实践，在内容组织上，引入系统整合的原则，加强基础、拓宽专业，注重实践、突出工程，把跨学科作为组织教学内容和推动学生学习的手段；在教学安排上，引入并行工程的概念，打破传统的工科教育先基础后专业的分割式教学安排，把工程意识的培养贯穿于四年教学的全过程，把德育与智育、理论与实践、科学教育与工程训练等并行推进、紧密结合，在此基础上，建立了一种体现大工程观念的新型课程体系。

3、该项目的教学实践，把本科四年课堂教学总学时调整为 2000 左右（专业课约 10%），课内与课外学时数之比为 1∶2，建立了以学生为主体、教师为主导的教学关系，着力启发学生的学习兴趣和培养学生的自学能力、探究能力与创新意识，探索了以学生自学为主的教学模式。

4、该项目在研究过程中得到了参加单位校领导的高度重视和大力支持，把一批来自不同学科的教师、教学研究人员及教学管理人员组织起来协同作战，贵在交叉、重在整合，打破各门课程之间的界限，打通基础课与专业课之间的界限，确保改革的系统集成与整体优化，在组织管理上为当前教学改革提供了一种范本。

该项目达到了预期目标，并在实践中取得突破性进展，其研究成果包括改革思路、原则、方案及其实践，对材料科学与工程的教育改革具有重要的指导意义，对我国工科教育改革具有借鉴与参考价值，并已经在国内外产生了广泛的影响。鉴定委员会一致通过该项目鉴定，并建议教育部继续支持该项目深入研究，推动改革。

鉴定委员会主任委员：左铁镛（签字）

副主任委员：左禹（签字）

2000 年 12 月 15 日

10

组织鉴定单位意见

同意专家鉴定意见。

主管领导签字：（盖章）

2000 年 12 月 25 日

11

2000 年“材料类专业人才培养方案及教学内容体系改革的研究与实践”鉴定书

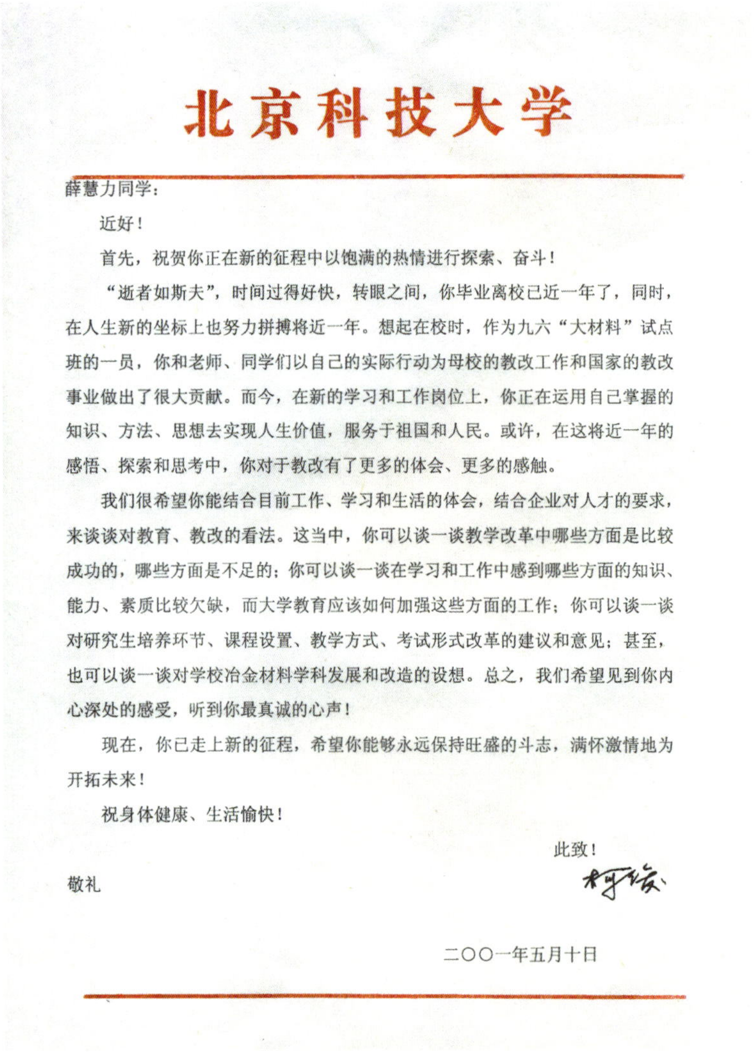

# 北京科技大学

薛慧力同学：

近好！

首先，祝贺你正在新的征程中以饱满的热情进行探索、奋斗！

“逝者如斯夫”，时间过得好快，转眼之间，你毕业离校已近一年了，同时，在人生新的坐标上也努力拼搏将近一年。想起在校时，作为九六“大材料”试点班的一员，你和老师、同学们以自己的实际行动为母校的教改工作和国家的教改事业做出了很大贡献。而今，在新的学习和工作岗位上，你正在运用自己掌握的知识、方法、思想去实现人生价值，服务于祖国和人民。或许，在这将近一年的感悟、探索和思考中，你对于教改有了更多的体会、更多的感触。

我们很希望你能结合目前工作、学习和生活的体会，结合企业对人才的要求，来谈谈对教育、教改的看法。这当中，你可以谈一谈教学改革中哪些方面是比较成功的，哪些方面是不足的；你可以谈一谈在学习和工作中感到哪些方面的知识、能力、素质比较欠缺，而大学教育应该如何加强这些方面的工作；你可以谈一谈对研究生培养环节、课程设置、教学方式、考试形式改革的建议和意见；甚至，也可以谈一谈对学校冶金材料学科发展和改造的设想。总之，我们希望见到你内心深处的感受，听到你最真诚的心声！

现在，你已走上新的征程，希望你能够永远保持旺盛的斗志，满怀激情地为开拓未来！

祝身体健康、生活愉快！

此致！

敬礼

柯俊

二〇〇一年五月十日

2001 年柯俊写给“大材料”班 96 级薛慧力同学的信

柯俊（右）与班主任陈力参加“大材料”96 级班级活动

柯俊（左三）与“大材料”班毕业学生

2000 年柯俊院士八十三寿辰及“大材料”试点班学生学术报告会

2000 年柯俊与“大材料”96 级同学毕业合影

2000 年海外名师来校为“大材料”班作报告

前排左起：柯俊、王中林、徐金梧

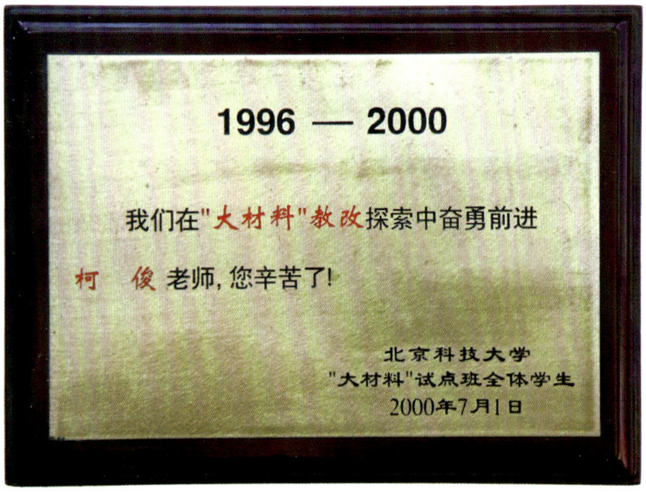


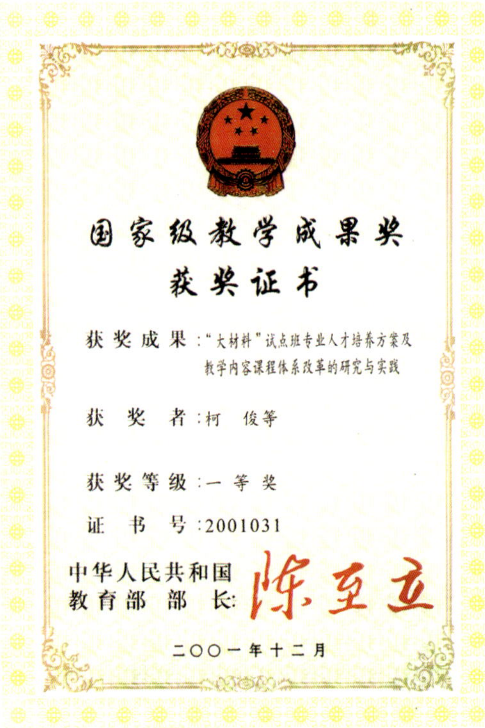

国家级教学成果奖

获奖证书

获奖成果："大材料"试点班专业人才培养方案及教学内容课程体系改革的研究与实践

获 奖 者：柯　俊等

获奖等级：一 等 奖

证 书 号：2001031

中华人民共和国教育部部长：陈至立

二〇〇一年十二月

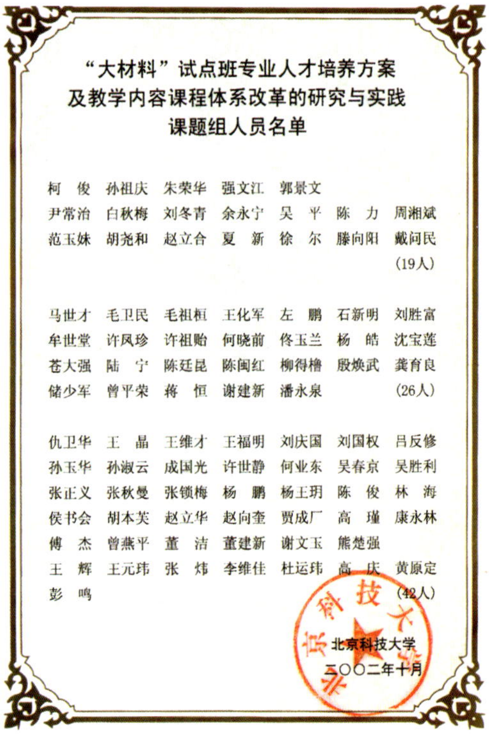

"大材料"试点班专业人才培养方案及教学内容课程体系改革的研究与实践

课题组人员名单

柯　俊　孙祖庆　朱荣华　强文江　郭景文
尹常治　白秋梅　刘冬青　余永宁　吴　平　陈　力　周湘斌
范玉妹　胡尧和　赵立合　夏　新　徐　尔　滕向阳　戴问民
（19人）

马世才　毛卫民　毛祖桓　王化军　左　鹏　石新明　刘胜富
牟世堂　许凤珍　许祖贻　何晓前　佟玉兰　杨　皓　沈宝莲
苍大强　陆　宁　陈廷昆　陈闽红　柳得橹　殷焕武　龚育良
储少军　曾平荣　蒋　恒　谢建新　潘永泉　（26人）

仇卫华　王　晶　王维才　王福明　刘庆国　刘国权　吕反修
孙玉华　孙淑云　成国光　许世静　何业东　吴春京　吴胜利
张正义　张秋曼　张锁梅　杨　鹏　杨王玥　陈　俊　林　海
侯书会　胡本芙　赵立华　赵向奎　贾成厂　高　瑾　康永林
傅　杰　曾燕平　董　洁　董建新　谢文玉　熊楚强
王　辉　王元玮　张　炜　李维佳　杜运玮　高　庆　黄原定
彭　鸣　（42人）

北京科技大学

二〇〇二年十月

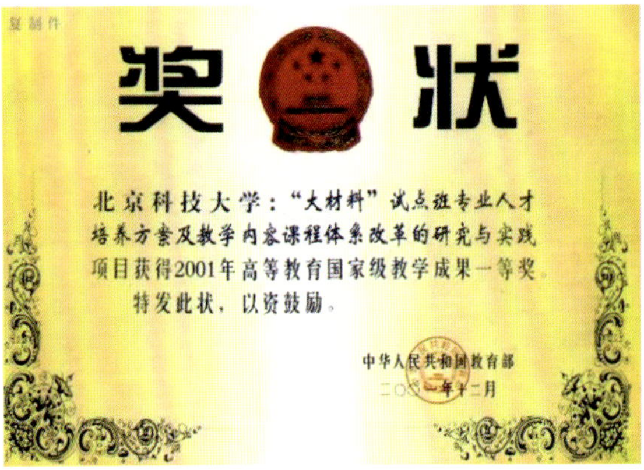

复制件

奖状

北京科技大学："大材料"试点班专业人才培养方案及教学内容课程体系改革的研究与实践项目获得2001年高等教育国家级教学成果一等奖，特发此状，以资鼓励。

中华人民共和国教育部

二〇〇一年十二月

复制件

荣誉证书

"大材料"试点班教改组：

"大材料"试点班专业人才培养方案及教学内容课程体系改革的研究与实践 荣获2001年北京市教育教学成果（高等教育）一等奖。

二〇〇一年九月

# 殷殷校友情

20 世纪 80 年代柯俊与北京钢铁学院校领导

1992 年北京科技大学 40 周年校庆时柯俊（左）与罗干（右）交谈

1997 年北京科技大学 45 周年校庆，柯俊（左）陪同钱伟长（右）参观冶金史展览

1997 年北京科技大学 45 周年校庆，柯俊（左）陪同刘淇（中）参观冶金史展览

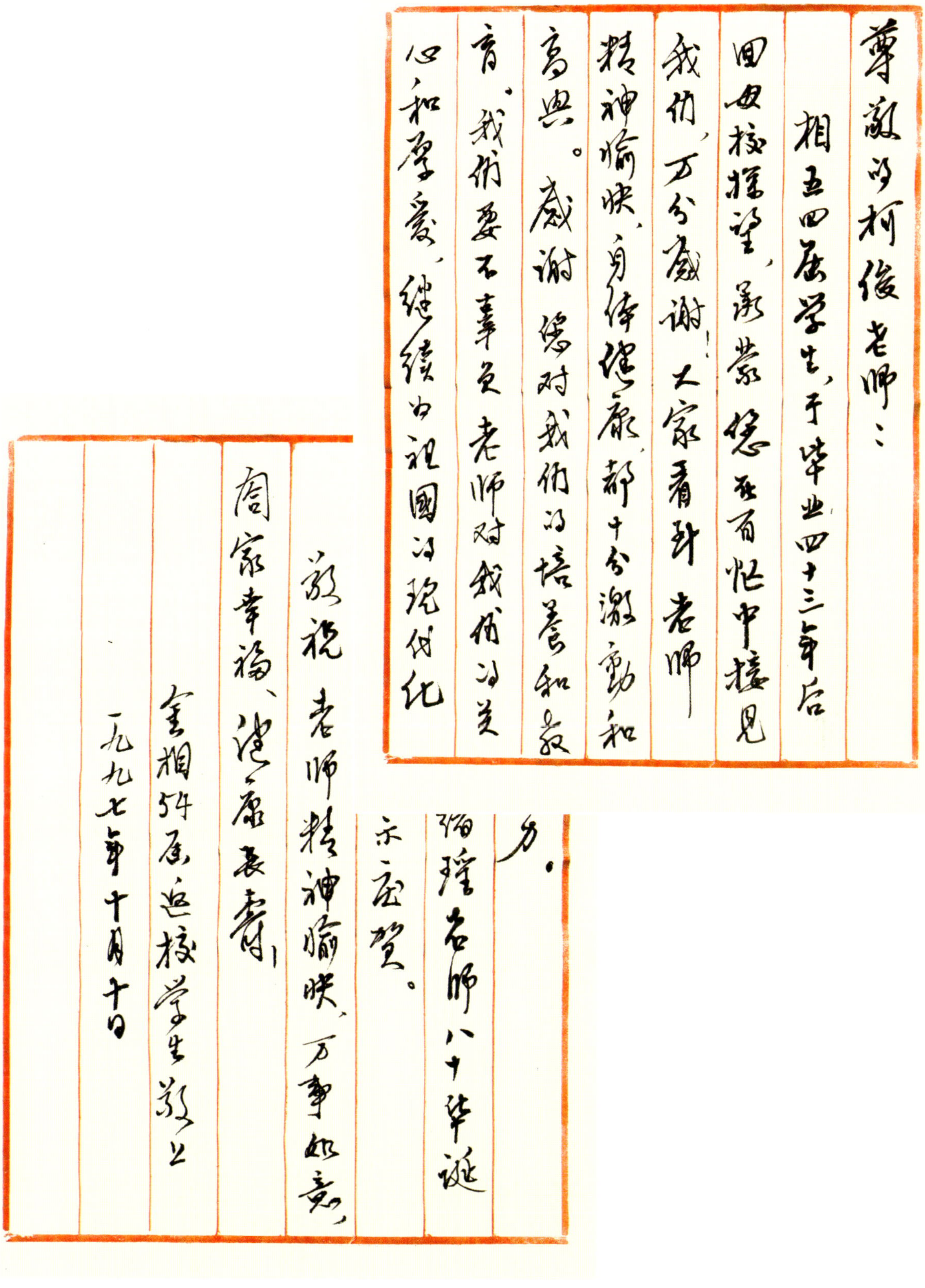

尊敬的柯俊老师：

相五四届学生，于毕业四十三年后回母校探望，蒙您在百忙中接见我们，万分感谢！大家看到老师精神愉快，身体健康，都十分激动和高兴。感谢您对我们的培养和教育，我们要不辜负老师对我们的关心和厚爱，继续为祖国的现代化努力。

值逢老师八十华诞，示庆贺。

敬祝老师精神愉快，万事如意，阖家幸福、健康长寿！

金相54届返校学生敬上

一九九七年十月十日

1997 年金相 54 届返校学生对柯俊表达感谢和祝福

1997 年柯俊（前排左七）与材料学院返校校友留影

1997 年柯俊（右三）与香港校友会于香港九龙机场

1997 年相 54 校友尊师团聚会（柯俊，右三）

2000 年柯俊（右二）与相 57 同学聚会

2002 年材料学院返校校友合影

前排左起：李桃萼、谢逸凡、杨让、方正知、柯俊、马如璋、赖和怡、刘国勋、李文卿、董克柱

2004 年北京科技大学 80 级学生毕业 20 年庆祝活动时与校领导合影

左起：罗维东、李静波、戚以新、王润、崔鲁斌、柯俊、樊源兴、符荣、杨静云、李宝林

2005 年徐匡迪（左）看望柯俊（右）

2007 年中国材料名师讲坛第 24 讲

左起：孙景宏、朱鸿民、李依依、柯俊、陈国良、曲选辉、强文江

2007 年柯俊与铁 57-2 班同学合影
前排左起：孔令坛、李吉夫、戚以新、陶少杰、柯俊、王筱留、黄务涤、董一诚

2007 年柯俊（前排左十四）参加庆祝北京科技大学建校 55 周年

2012 年罗维东（中）看望柯俊（右）

2015 年张欣欣（右）看望柯俊

# 参与多种形式的人才培养

柯俊曾担任多种教育委员会的顾问或评审，如中国工程院教育委员会顾问、中国高等教育学会产学研合作教育推广中心名誉顾问、国家教委高等教育面向21世纪教学内容和课程体系及改革顾问组副组长、中国科学技术协会青年科技奖评审委员等。

对于社会机构、企业事业单位的人才培养，柯俊同样投入了很多的时间与精力。20世纪80年代初，柯俊受邀参与建立北京市自学考试教育的工作，对于全国第一个自学考试制度的建立提出了许多建设性意见。1996年10月，他获得由全国高等教育自学考试指导委员会颁发的“从事高等教育自学考试工作十年”荣誉证书。他任上海宝山钢铁集团教育基金会顾问，多次参加年会，每次都一丝不苟地提出具体意见与建议。

柯俊对青少年教育发展很感兴趣。他积极参与中国科技馆的规划与设计，并应中国科协之邀出访法国、加拿大、美国、日本考察国际一流科技馆，提出了许多建设性意见，并在建馆中被采纳。在中国科技馆开馆后，几十年来一直关心青少年科教事业。

国务院学位委员会

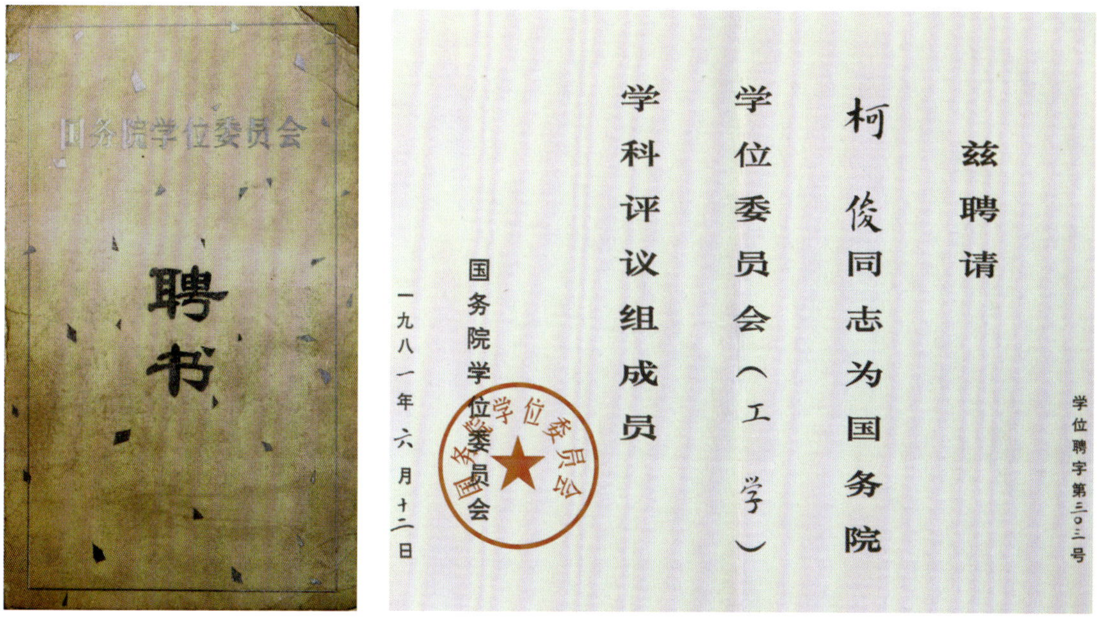

国务院学位委员会

聘书

学位聘字第二〇三号

兹聘请

柯俊同志为国务院

学位委员会（工学）

学科评议组成员

国务院学位委员会

一九八一年六月十二日

1981 年柯俊被聘为国务院学位委员会学科评议组成员聘书

1995 纪念中国第一个矿冶学科成立一百周年座谈会

左起：柯俊、林宗彩、徐大铨、师昌绪、杨天钧

## 北京高等教育自学考试委员会

1982 年教育部部长蒋南翔、北京市副市长白介夫与北京市高等教育自学考试委员会委员合影（柯俊，右七）

柯俊（中）参加北京市高等教育自学考试委员会会议

柯俊参加北京教育考试院会议

# 宝钢教育基金会

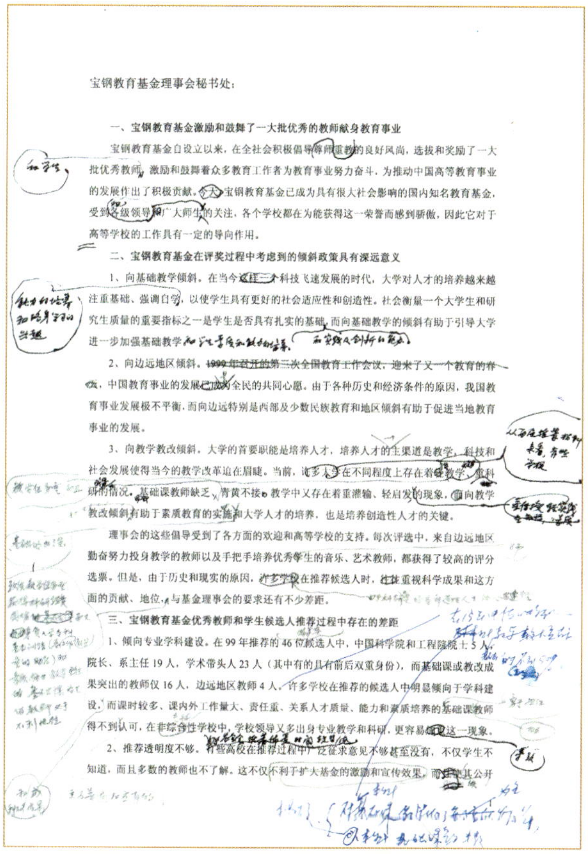

宝钢教育基金理事会秘书处：

一、宝钢教育基金激励和鼓舞了一大批优秀的教师献身教育事业

宝钢教育基金自设立以来，在全社会积极倡导尊师重教的良好风尚，选拔和奖励了一大批优秀教师，激励和鼓舞着众多教育工作者为教育事业努力奋斗，为推动中国高等教育事业的发展作出了积极贡献。今天，宝钢教育基金已成为具有很大社会影响的国内知名教育基金，受到各级领导和广大师生的关注，各个学校都在为能获得这一荣誉而感到骄傲，因此它对于高等学校的工作具有一定的导向作用。

二、宝钢教育基金在评奖过程中考虑到的倾斜政策具有深远意义

1、向基础教学倾斜。在当今这样一个科技飞速发展的时代，大学对人才的培养越来越注重基础、强调自学，以使学生具有更好的社会适应性和创造性。社会衡量一个大学生和研究生质量的重要指标之一是学生是否具有扎实的基础，而向基础教学的倾斜有助于引导大学进一步加强基础教学

2、向边远地区倾斜。1999年召开的第三次全国教育工作会议，迎来了又一个教育的春天，中国教育事业的发展已成为全民的共同心愿。由于各种历史和经济条件的原因，我国教育事业发展极不平衡，而向边远特别是西部及少数民族教育和地区倾斜有助于促进当地教育事业的发展。

3、向教学教改倾斜。大学的首要职能是培养人才，培养人才的主渠道是教学，科技和社会发展使得当今的教学改革迫在眉睫。当前，许多大学在不同程度上存在着重教学、重科研的情况。基础课教师缺乏，青黄不接。教学中又存在着重灌输、轻启发的现象，而向教学教改倾斜有助于素质教育的实施和大学人才的培养，也是培养创造性人才的关键。

理事会的这些倡导受到了各方面的欢迎和高等学校的支持。每次评选中，来自边远地区勤奋努力投身教学的教师以及手把手培养优秀学生的音乐、艺术教师，都获得了较高的评分选票。但是，由于历史和现实的原因，许多学校在推荐候选人时，往往重视科学成果和这方面的贡献、地位，与基金理事会的要求还有不少差距。

三、宝钢教育基金优秀教师和学生候选人推荐过程中存在的差距

1、倾向专业学科建设。在99年推荐的46位候选人中，中国科学院和工程院院士5人，院长、系主任19人，学术带头人23人（其中有的具有前后双重身份），而基础课或教改成果突出的教师仅16人，边远地区教师4人。许多学校在推荐的候选人中明显倾向于学科建设，而课时较多、课内外工作量大、责任重、关系人才质量、能力和素质培养的基础课教师得不到认可，在非综合性学校中，学校领导又多出身专业教学和科研，更容易出现这一现象。

2、推荐透明度不够。有些高校在推荐过程中广泛征求意见不够甚至没有，不仅学生不知道，而且多数的教师也不了解。这不仅不利于扩大基金的激励和宣传效果，而且使其公开

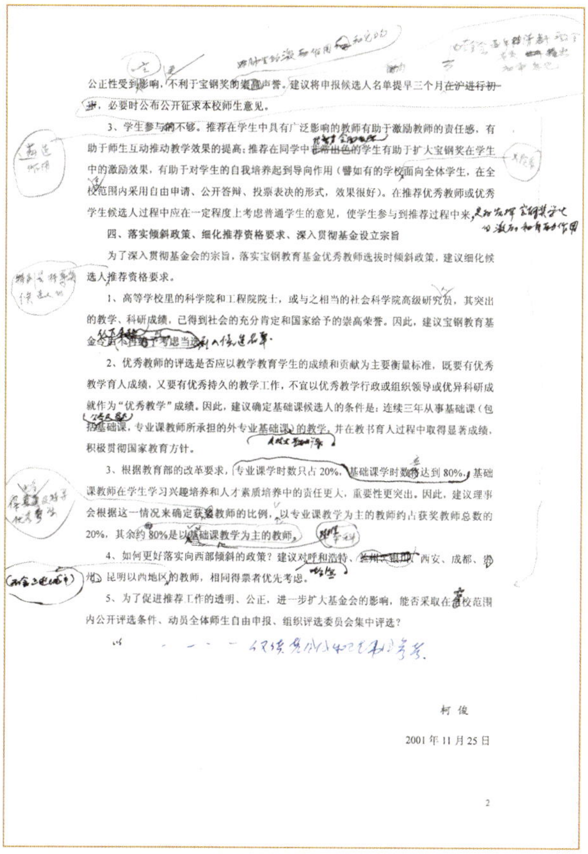

公正性受到影响，不利于宝钢奖的崇高声誉。建议将申报候选人名单提早三个月在沪进行初审，必要时公布公开征求本校师生意见。

3、学生参与的不够。推荐在学生中具有广泛影响的教师有助于激励教师的责任感，有助于师生互动推动教学效果的提高；推荐在同学中非常出色的学生有助于扩大宝钢奖在学生中的激励效果，有助于对学生的自我培养起到导向作用（譬如有的学校面向全体学生，在全校范围内采用自由申请、公开答辩、投票表决的形式，效果很好）。在推荐优秀教师或优秀学生候选人过程中应在一定程度上考虑普通学生的意见，使学生参与到推荐过程中来。

四、落实倾斜政策、细化推荐资格要求、深入贯彻基金设立宗旨

为了深入贯彻基金会的宗旨，落实宝钢教育基金优秀教师选拔时倾斜政策，建议细化候选人推荐资格要求。

1、高等学校里的科学院和工程院院士，或与之相当的社会科学院高级研究员，其突出的教学、科研成绩，已得到社会的充分肯定和国家给予的崇高荣誉。因此，建议宝钢教育基金今后不再给予考虑当选

2、优秀教师的评选是否应以教学教育学生的成绩和贡献为主要衡量标准，既要有优秀教学育人成绩，又要有优秀持久的教学工作，不宜以优秀教学行政或组织领导或优异科研成就作为"优秀教学"成绩。因此，建议确定基础课候选人的条件是：连续三年从事基础课（包括基础课，专业课教师所承担的外专业基础课）的教学，并在教书育人过程中取得显著成绩，积极贯彻国家教育方针。

3、根据教育部的改革要求，专业课学时数只占20%，基础课学时数将达到80%，基础课教师在学生学习兴趣培养和人才素质培养中的责任更大，重要性更突出。因此，建议理事会根据这一情况来确定获奖教师的比例，以专业课教学为主的教师约占获奖教师总数的20%，其余约80%是以基础课教学为主的教师。

4、如何更好落实向西部倾斜的政策？建议对呼和浩特、兰州、银川、西安、成都、贵州、昆明以西地区的教师，相同得票者优先考虑。

5、为了促进推荐工作的透明、公正，进一步扩大基金会的影响，能否采取在全校范围内公开评选条件、动员全体师生自由申报、组织评选委员会集中评选？

柯 俊

2001年11月25日

2

2001年柯俊给宝钢教育基金理事会秘书处的信稿

柯俊（左一）在2003年度宝钢教育奖颁奖典礼上

柯俊（左一）与黎明（右一）在2003年度宝钢奖学金颁奖典礼上

2005年柯俊在宝钢参观学习

2005年柯俊（左三）参加宝钢教育基金会理事会第一次全体会议

## 高等院校

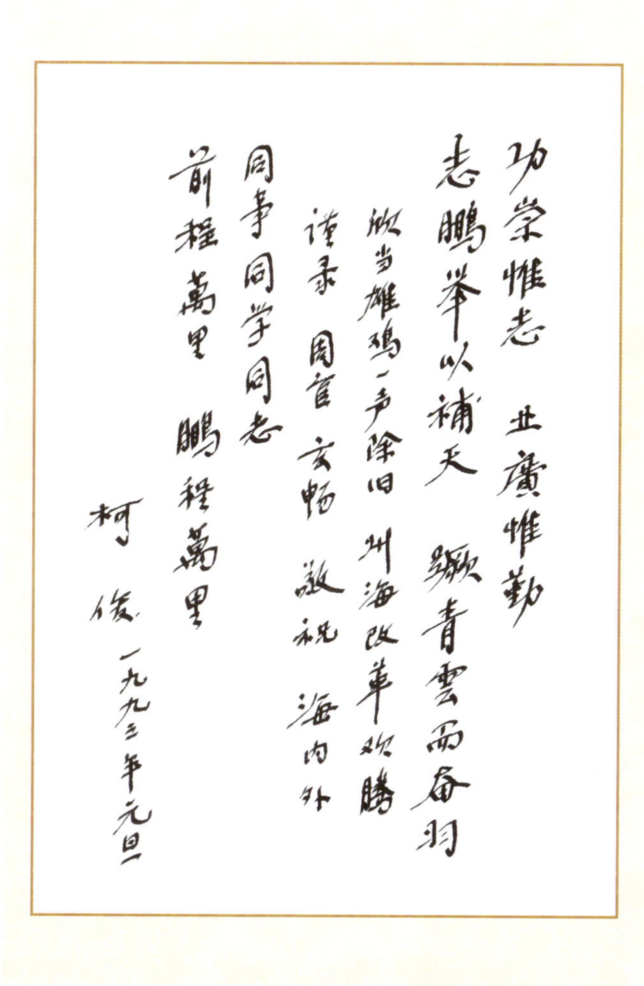


1993年柯俊祝贺海内外同学新年快乐

柯俊参加教育改革讨论会发言

左起：陈章良、柯俊、陶大镛、季羡林

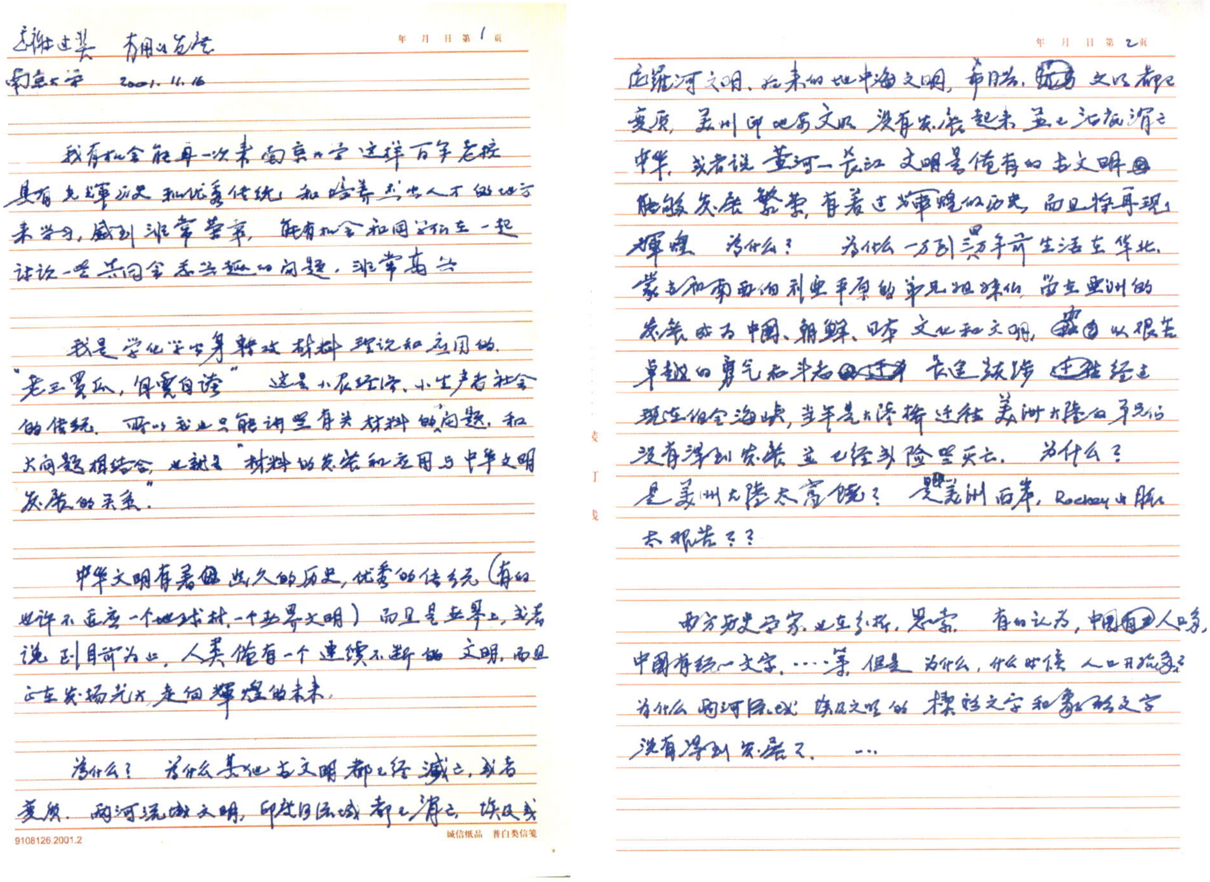
主讲：柯俊 南京大学 2001.11.16

我有机会能再一次来南京大学这样百年老校，具有光辉历史和优秀传统，和培养出大人才的地方来学习，感到非常荣幸。能有机会和同学们在一起讨论一些共同关心感兴趣的问题，非常高兴。

我是学化学出身转攻材料理论和应用的。"老王卖瓜，自卖自夸"，这是小农经济、小生产者社会的传统。所以我也只能讲些有关材料的问题，和大问题相结合，也就是"材料的发展和应用与中华文明发展的关系"。

中华文明有着悠久的历史，优秀的传统（有的也许不正确—个地球村、一个世界文明）而且是世界上，或者说到目前为止，人类仅有一个连续不断的文明，而且正在发扬光大，走向辉煌的未来。

为什么？为什么其他古文明都已经灭亡，或者变质。两河流域文明，印度河流域都已消亡，埃及或尼罗河文明、后来的地中海文明，希腊、罗马文明都已变质。美洲印地安文明没有发展起来，早已消失。中华，我常说黄河—长江文明是仅有的古文明能够发展繁荣，有着这样辉煌的历史，而且将再现辉煌。为什么？为什么一万到三万年前生活在华北、蒙古和西西伯利亚平原的第几批移民，留在亚洲的发展成为中国、朝鲜、日本文化和文明，而以很大卓越的勇气和毅力，长途跋涉越过现在的白令海峡，当年是大陆桥，进入美洲大陆的早先的没有得到发展，已经到陷些灭亡。为什么？是美洲大陆太富饶？是美洲西岸，Rockey山脉太艰苦？？

西方历史学家也在思索。有的认为，中国人只有统一文字，……等。但是为什么，什么时候，人口日益增多？为什么两河流域、埃及文明的楔形文字和象形文字没有得到发展了。……

2001 年柯俊在南京大学的讲话稿

2002 年柯俊参加凤凰卫视“世纪大讲堂”节目录制

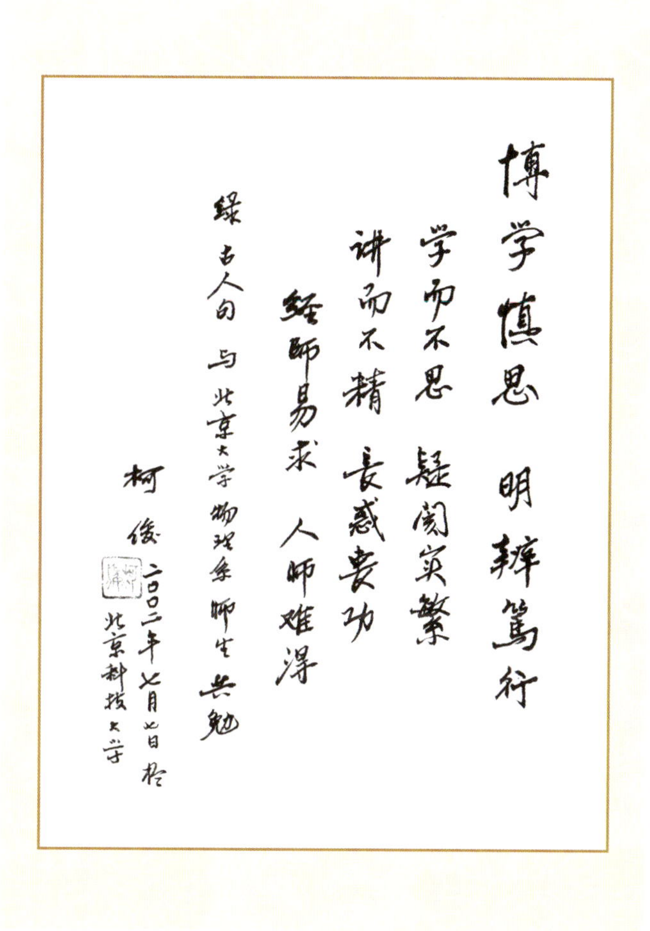


2002 年柯俊给北京大学物理系题词

2003 年柯俊（前排左四）参加北京大学物理学院活动

## 中小学、科技馆

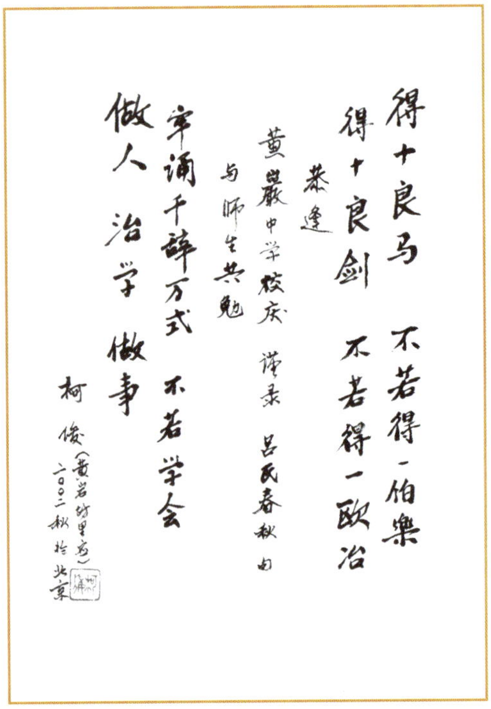


2002 年柯俊为家乡的黄岩中学校庆题词

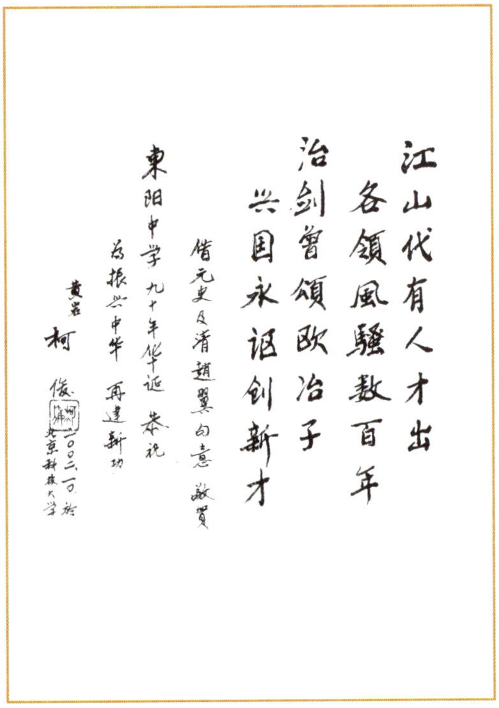


2002 年柯俊为浙江东阳中学校庆题词

# 中国科技馆新馆举行开馆典礼

## 体验科学 启迪创新 服务大众 促进和谐

**本报北京 9 月 16 日讯（记者 王学健 王卉）**今天上午，屹立于北京奥林匹克公园中心区内的中国科技馆新馆彩旗招展、鲜花盛开，身穿彝族服装的少数民族儿女在新馆西广场载歌载舞，与来自海内外的各界嘉宾齐聚一堂，共同见证中国科技馆新馆开馆。由党和国家领导人、科学家代表、中国科学技术馆建设者和青少年代表分成 11 个小组，分别用 11 块积木，以拼插积木的方式，再现中国科技馆新馆的建设过程。最后一块积木就位后，中共中央政治局委员、全国人大常委会副委员长王兆国宣布："中国科技馆新馆正式开馆。"

全国人大常委会副委员长、中国科学院院长路甬祥，全国人大常委会副委员长、中国科协主席韩启……设的总体水平，共同为提高全民科学文化素质作出新的、更大的贡献！

中国科技馆新馆是"十一五"期间由政府投资建设的大型科普教育场馆。以"体验科学，启迪创新；服务大众，促进和谐"为建馆理念。新馆占地 4.8 万平方米，建筑规模 10.2 万平方米，建设总投资近 20 亿元人民币。新馆常设展览包括"科学乐园"、"华夏之光"、"探索与发现"、"科技与生活"、"挑战与未来"五大主题展厅，公共空间展示区，以及宇宙剧场、巨幕影院、动感影院、4D 影院等 4 个特效影院。

开馆当天，中国科技馆举办了丰富多彩的教育活动："我与科学家共话未来"——全国青少年主题征文活动颁奖仪式，邀请国际诺贝尔奖获得者、国内知名科学家为获奖学生及组织单位颁奖；恐龙总动员以宣传页、小志愿者讲解以及互动小游戏的形式，让公众与来自云南的恐龙化石亲密接触，了解相关的恐龙知识；"小博士"讲科学活动在一层"科学乐园"和"华夏之光"两个展区举行，"小小志愿者"把科学理论知识通过实验、表演和讲解的方式展现给公众；"巴斯夫小小化学家"活动，通过化学世界的神奇和魔力，拉近了孩子们与科学的距离。

为配合开馆活动的举行，中国科技馆与中国自然博协科技馆专业委员会将从 9 月 16 日下午至 17 日两天召开"2009·（北京）科技馆国际论坛暨学术年会"。

中国科学院资深院士柯俊体验科技馆新馆，并勉励前来参观的青少年学科学爱科学。 本报记者 卢家兴／摄

2009 年柯俊参加中国科技馆新馆开馆仪式

## 服务社会

1980年,柯俊当选为中国科学院学部委员、中国科学院技术科学部常委。他身兼数职,不仅肩负国家科委、科协、学会、学报工作，还承担大型企业集团教育、技术顾问等职，工作日程总是排得满满的。

柯俊曾任的社会兼职有：

国务院学位委员会第一、二届评议组成员

冶金工业部学位委员会委员

中国科学技术协会三届委员

中国金属学会金属物理及金属学委员会第一、二届主任委员

中国电子显微镜学会第一届副理事长

中国科学技术史学会第二、三届理事长

中国科技考古学会（筹）理事长

中国材料研究学会顾问

北京市科学技术协会常委

国家科委材料科学学科组组员

中国科学院金属研究所学术委员会委员、客座研究员

中国科学院自然科学室研究所学术委员会主任

中国工程院教育委员会顾问

国家自然科学基金委员会顾问

北京市自然科学基金委员会顾问

中国有色金属总公司顾问

宝钢教育基金理事会顾问

攀枝花钢铁公司顾问

《金属学报》《材料科学与工程》主编,《自然科学史研究》《电子显微学报》及德国《钢研究》、美国《材料科学与工程》编辑委员会委员。

此外，柯俊多次受国家有关部委之邀，主持和参与了兵工、航空、航天有关项目的试验分析和评审，并深入生产现场、靶场调研，为有关项目提出负责人的建议，为我国国防工业发展贡献力量。

中国科学院学部

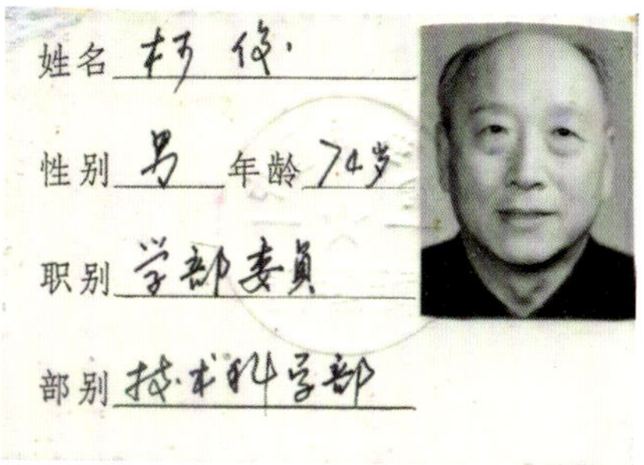


中国科学院工作证、出入证等

中国科学院院士证

柯俊获“中国科学院资深院士”称号

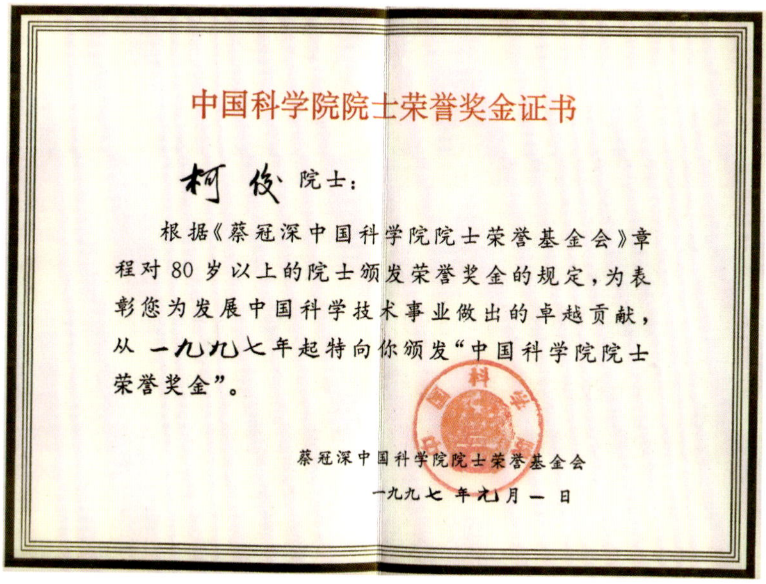


1997 年柯俊获得中国科学院院士荣誉奖金证书

1988 年柯俊（左）赴上海交通大学看望周志宏院士

1992 年柯俊与参加中国科学院院士大会的浙江台州籍院士合影

1996 年柯俊（左）与师昌绪夫妇合影

1996 年柯俊（左二）与冯端（左一）、严东生（左三）、吴阶平（左四）合影

1997 年柯俊（中）与柯伟（右）、李依依（左）参加院士大会合影

1998 年中国科学院院士大会上部分材料院士合影（柯俊，前排左一）

中国科学院第九次院士大会技术科学部全体院士合影 1998.6.3

1998 年柯俊（前排左二）参加中国科学院第九次院士大会与技术科学部全体院士合影

2000 年柯俊参加院士大会发言

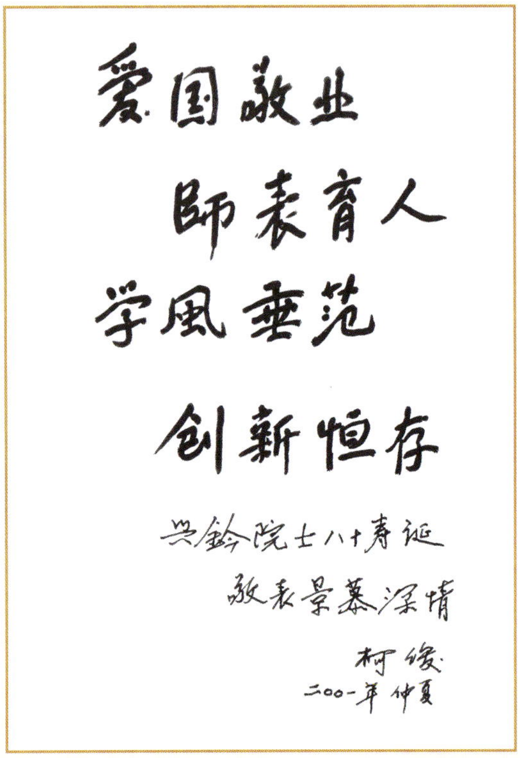


2001 年柯俊祝贺张兴钤院士八十寿诞

2002 年柯俊参加院士大会与陈能宽（左）合影

2002年北京科技大学院士校友合影留念

前排右起：高庆狮、师昌绪、柯俊、魏寿昆、肖纪美、钟香崇、张兴钤、徐祖耀

后排右起：陈先霖、王淀佐、涂铭旌、周邦新、叶恒强、周国治、徐匡迪、李依依、王崇愚、钟掘、殷瑞钰、范维唐

2004年12月柯俊（左）与徐祖耀（右）

2006年柯俊（左）与郭慕孙夫妇

2006年中国科学院第十三次院士大会技术科学部院士合影（柯俊，前排左五）

柯俊（右二）、柯伟（左二）、李依依（左一）与李鹤林（右一）等合影

## 中国科学院金属研究所

从计划回国开始，柯俊就与中国科学院金属研究所结下了情缘，参与了金属所的筹建、建立和发展。1950年春天，李薰收到中国科学院院长郭沫若的亲笔信，邀请他回国擘划筹建冶金方面的研究所。李薰立即邀请在英国读书、工作的中国学者共商建所事宜，包括柯俊、张沛霖、方柄、张作梅、庄育智等。当时新中国刚刚成立，海外的中国学子都很振奋，听到祖国在召唤，大家都很高兴，约定先后回国。

中国科学院金属研究所
首任所长李薰

1951年8月李薰等人回国，柯俊由于有些事情要处理，所以晚回来两年多，但他一直负责在英国采购专业图书和杂志。这些图书资料，现在看来是古董了，但是在半个世纪前，还是不可少的，直到今天在金属所档案室仍像文物一样保留着购书的清单和账目。师昌绪院士说："1955年我看到沈阳金属研究所图书馆有全套的'Journal of Iron and Steel Institute'和'Philosophical Magazine'杂志，而后连续几年，由国外寄到金属研究所的报刊杂志都写的Prof. T. Ko的名字。柯先生回国后虽没来沈阳，因为教育界更需要他，他对金属研究所的感情至深。在北京钢铁学院早期的毕业生中，在他的影响下，分配了很多品学兼优的学生，支撑着金属研究所的前进和良好学风的形成，也出了不少学科带头人，其中有三位院士和所长。"

1951年冬天，在中国科学院的组织下，确定所名为金属研究所。张沛霖负责设计研究所的大楼、实验工厂。当初张沛霖从英国回来时，柯俊给他一份德文杂志，上面有德国一个研究所的布局平面图，包括科研大楼、实验工厂，认为这个布局比较好，可以参考。经李薰等同意，张沛霖将它带回国，参照这个研究所的平面图，考虑到从事科研工作需要，在北京进行结构设计和建筑设计……

柯俊非常关心金属所在沈阳的发展状况以及在国内外的学术地位，他认为金属所的科研工作很有特色。他经常参与金属所的评估与发展，多次做学术报告。

1952年金属所李薰楼（原西大楼）落成时南面楼景

1980 年中国科学院金属研究所第三届学术委员会（柯俊，前排左七）

1980 年麻省理工学院终身教授柯恩（右）在金属所与柯俊（中）、师昌绪（左）交谈

1981 年学部委员评议金属所

前排左起：陈炳兆、陈家镛、肖纪美、吴自良、徐采栋、柯俊、李薰、王之玺、周惠久、李明、陈能宽、张作梅、李敏华

2004 年柯俊获“李薰成就奖”

1998 年金属所四十五周年庆祝活动上柯俊（左）、蒲希莉（中）与李依依（右）合影

1998 年金属所四十五周年庆祝活动上李依依（左）、师昌绪（中）、柯俊（右）合影

1998 年柯俊在金属所四十五周年庆祝活动上做主题报告

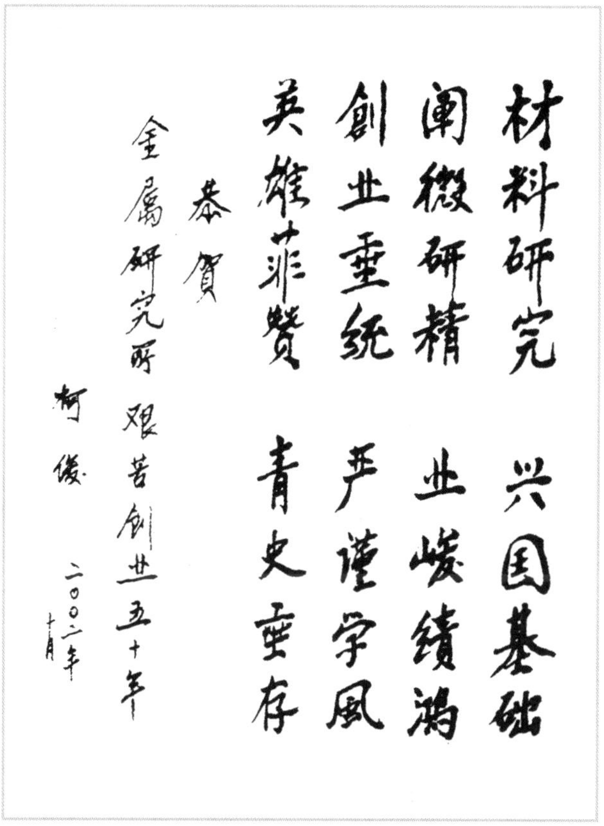


2002年柯俊祝贺中国科学院金属研究所创业五十周年

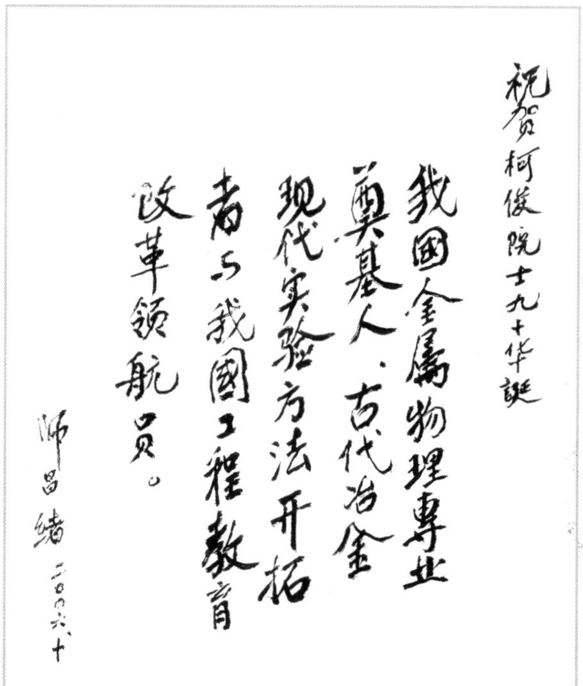


2006年师昌绪祝贺柯俊九十华诞

## 《金属学报》

1956 年 3 月，柯俊当选第一届《金属学报》编委会委员，1963 年任第二届《金属学报》编委会副主任，1995 年任第三届《金属学报》（中文版）主编，此后的第四、五届编委会一直担任主编，直到今天。1988 年《金属学报》（英文版）创刊，柯俊任主编，师昌绪任名誉主编。2008 年《金属学报》编辑部获中国出版政府奖——先进出版单位奖。

1990 年柯俊（左）与《金属学报》的工作人员

柯俊（后排左五）担任《金属学报》主编时与名誉主编师昌绪（后排左四）及编辑部同志合影

2006年柯俊（前排左六）参加庆祝《金属学报》创刊五十周年纪念大会

2006 年柯俊（左六）参加庆祝《金属学报》创刊五十周年纪念大会

2006 年《金属学报》创刊五十周年纪念大会上，《金属学报》编辑冯有为（前排左四）等与柯俊（前排左五）、卢柯（前排左六）、韩恩厚（前排左七）合影留念

## 中国金属学会

1956年11月26日，在北京举行了中国金属学会第一届全国委员会代表大会，大会选举产生了第一届理事会，柯俊当选为理事，同时当选为中国金属学会第一届钢铁学术委员会委员。1963年8月，在青岛举行的中国金属学会全国会员代表大会上当选为第二届理事会常务理事。1979年1月，在北京举行的中国金属学会全国会员代表大会上当选为第三届理事会常务理事。1986年10月，在北京举行的中国金属学会全国会员代表大会上当选为第四届理事会常务理事。1991年11月，在北京举行的中国金属学会第四届理事会第五次常务理事会上，被授予中国金属学会“荣誉会员”的称号。2011年10月，获中国金属学会“冶金科技终身成就奖”。

1979年三学会织构学术交流会全体代表合影（柯俊，前排右五）

2005 年柯俊（前排左七）参加全国材料科学与工程学术会议暨庆祝中国金属学会材料科学分会成立 20 周年大会

2011 年柯俊获“冶金科技终身成就奖”

左起：肖纪美、柯俊、翁宇庆、徐匡迪

2011 年柯俊获“冶金科技终身成就奖”

左起：徐金梧、肖纪美、柯俊、师昌绪、王天义

# 发挥科学技术在考古中的重要作用

中国科学院院士　柯俊

考古学和历史学对了解中华古老文明的发展和它对人类的贡献，深刻认识自然、人类的发展及其历史的关系，预见我国未来发展都有非常重要的作用。以史为鉴，科技考古对古代遗址、古代气象、古代地理、人文条件以及遗物的科学研究，可以告诉我们古代科学技术与人文的发展历程。

在中国，虽然有丰富的文字记录，完全靠史书仍然是不够的。记载有的不全，有的是后人、外行人写的；有些是后来依靠传说追记的；有些是了解不深甚至肤浅、误解或错误的，往往需要对考古遗物进行科学技术的研究，并结合考古研究得到的结果才能充分揭示其内涵，确定年代及史实。以冶金史为例，《越绝书》中有关欧冶子、干将、莫邪的某些事迹，只可能发生在东汉时代或西汉晚期。年代的确定是考古学中的关键。越王勾践剑的材料和工艺的鉴定，最早由复旦大学物理系和北京科技大学冶金和材料史研究所一起进行，从表面研究、花纹识别、青铜合金成分以及钠钾玻璃的鉴定，使用了多种科技手段，其中包括加速器粒子激发射线的成分检测。事实表明，前沿科学已经成为考古鉴定和研究不可缺少的一个方面，其结论当时是唯一的，其研究成果和确定的史实对于增进和深入了解历史的发展和进程有时会发挥重大的作用。

院士论坛

中国科学院
中国工程院　合办
光明日报

从生产力的发展来看，从公元前5世纪到20世纪80年代的2500年中，农业和钢铁是人类历史和文明发展的基础，其中钢铁又是农业和国民经济发展的决定性物质基础，它的作用需要历史学家、考古学家、科技考古相结合才能加以说明。现在达到共识的是15世纪以前，中国独特的、唯一的、世界最早的生铁与生铁炼钢技术奠定了中国古代文明以至于现代文明的基础，也包括人口、中医中药的发展等等。19世纪中叶以后，西方发展了利用生铁在液态下制钢的技术，为工业革命创造了条件。正如恩格斯指出的：这一技术发明的重要性在过去人类历史上是无可比拟的。下世纪全人类文明将进一步发展，无论怎样，制造业仍将以钢铁为物质基础。在对中国早期制铁炼钢技术及其对人类贡献的研究包括对全部锈蚀原始铁器的分析鉴定过程中，使用20世纪50年代以后发明的先进手段发挥了决定性的作用。

从以上事例可以看出，在考古事业发展的今天，科技工作者与考古界要紧密结合，为考古学、历史学服务，作出更好的工作、更好的结果，应该成为一项重要任务。夏商周断代工程的重大成果就是这种结合的光辉产物，也是科技工作者全心全意为历史科学、考古科学的发展奉献的动人范例。因此，科技考古和科学技术史研究必须重视与考古学者、历史学家的紧密结合，相互了解。有些工作需要使用现代化实验手段来完成，如利用带有文字的甲骨测年和古陶、瓷热释光测年，不仅需要对仪器原理、操作程序的了解，还需要对出土的过程条件，样品经历的环境污染，取样的方法条件等带来的干扰，与试验样品有关的古代和近代的工艺发展史具有较深入地了解，才能避免错误的判断。

要做好具有历史意义的工作，科技考古必须向历史学家、考古学家学习，更要在田野考古中学习。没有历史学、考古学，科技考古就成了无源之水，无水之鱼。科技考古是多学科综合技术的考古，各种方法互相配合。当然科技考古更需要历史界、考古界的支持指导，需要全国各个方面、各学科的支持。我们呼吁科技工作者为考古工作服务，为弘扬中华民族历史的辉煌贡献力量。

柯俊 1917年生，浙江黄岩人。材料物理学及科学技术史专家，北京科技大学教授，博士生导师。几十年从事合金中相变的研究，在钢中首次发现贝茵体切变机理，至今在英、美、德、日、俄学者中仍为贝茵体形成机理的主流学派。领导并亲自参加中国冶金材料史的研究，阐明中国生铁技术的发明和发展对中国和世界文明的作用取得突破性进展。

2004年《光明日报》刊登柯俊文章《发挥科学技术在考古中的重要作用》

2004年参加全国第七届科技考古学术研讨会代表合影（柯俊，前排左八）

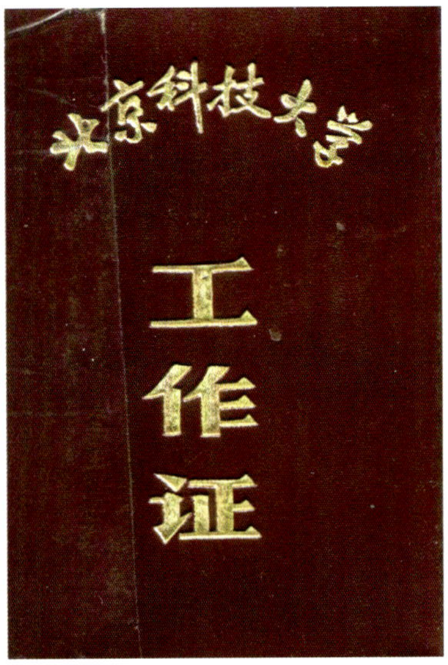

姓名 柯俊
性别 男 年龄 71
单位 北京科技大学
职务 顾问.教授
籍贯 浙江.黄岩
（无钢印无效）
编号 984184
1989年6月14日

柯俊北京科技大学工作证

荣誉会员证书

中国金属学会
第四届第五次常务理事会议
一致决定授予
柯 俊同志
为
荣誉会员

一九九一年十一月

1991年柯俊被授予中国金属学会荣誉会员称号

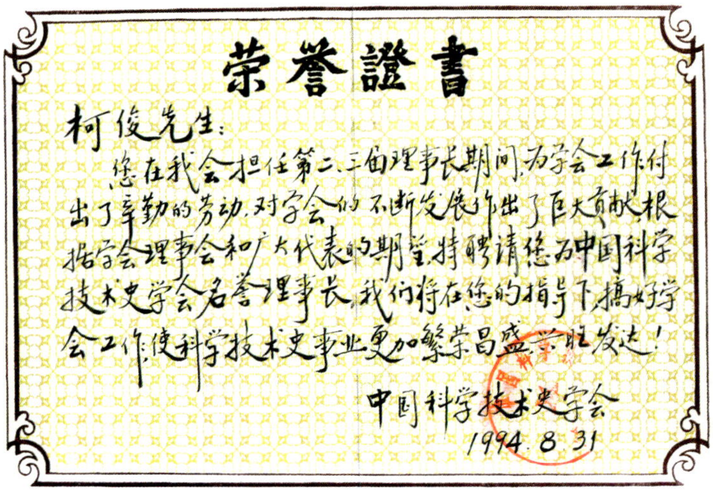

荣誉證書

柯俊先生：
您在我会担任第二、三届理事长期间，为学会工作付出了辛勤的劳动，对学会的不断发展作出了巨大贡献。根据学会理事会和广大代表的期望，特聘请您为中国科学技术史学会名誉理事长。我们将在您的指导下，搞好学会工作，使科学技术史事业更加繁荣昌盛、兴旺发达！

中国科学技术史学会
1994.8.31

1994年中国科学技术史学会聘请柯俊为中国科学院技术史学会名誉理事长

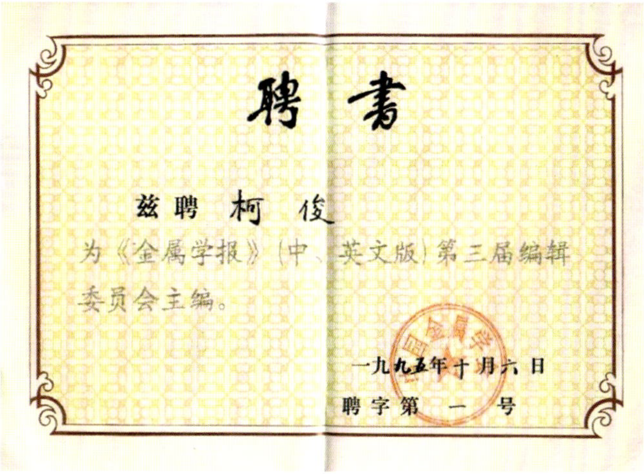


1995 年中国金属学会聘请柯俊为《金属学报》（中、英文版）第三届编辑委员会主编

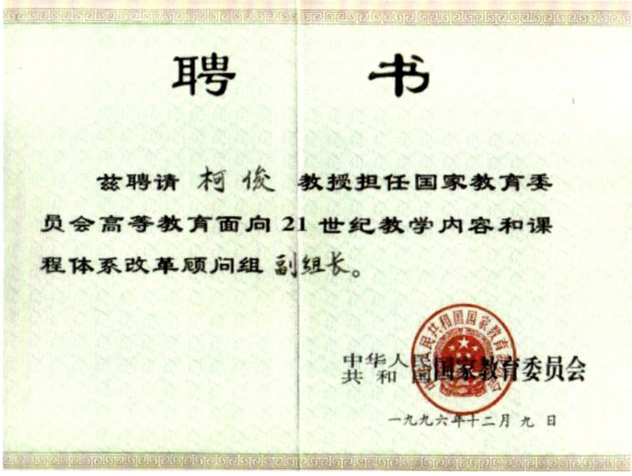


1996 年柯俊担任国家教育委员会高等教育面向 21 世纪教学内容和课程体系改革顾问组副组长

1999 年柯俊被授予“武汉大学杰出校友”称号

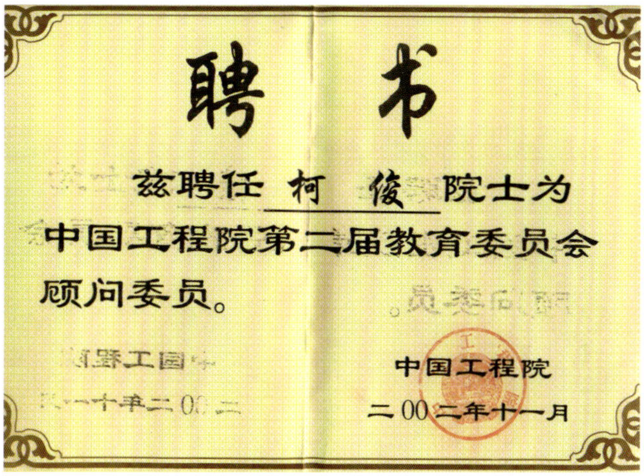


2002 年柯俊担任中国工程院第二届教育委员会顾问委员

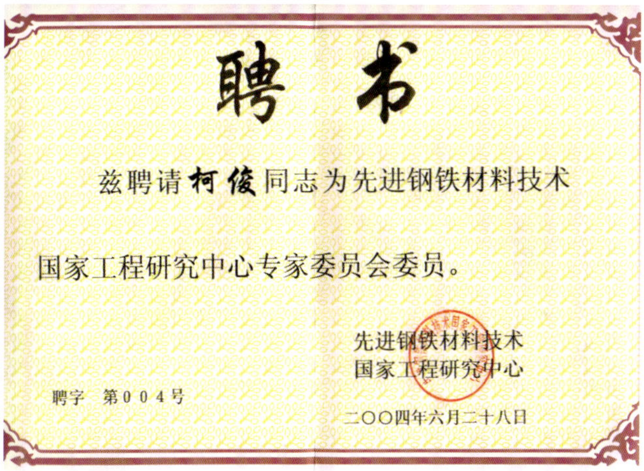


2004 年柯俊担任先进钢铁材料技术国家工程研究中心专家委员会委员

1997 年柯俊获何梁何利基金科学与技术进步奖

1998 年柯俊获印度金属学会荣誉会员奖盘

# 附录　柯俊年谱

## 1917 年，出生

6 月 23 日在吉林长春出生，始名柯保俊，后更名柯俊，祖籍浙江黄岩。

## 1924 年，7 岁

在长春吉长铁路子弟小学插班二年级读书，后在吉长铁路附属中学初中毕业。

## 1931 年，14 岁

9 月，进入位于沈阳郊区北岭的辽宁三中就读高中一年级。

中秋节时，进入河北省立第一中学（今天津一中）就读高中一年级。

## 1932 年，15 岁

9 月，进入河北省立工业学院预科学习。

## 1934 年，17 岁

进入河北省立工业学院化学系学习。

## 1935 年，18 岁

5 月，在《河北工业学院学报》发表文章《评〈高级中学用复兴教科书——化学〉》。

担任河北工业学院学生会主席。

12 月 18 日，参加天津地区学生示威活动。

## 1937 年，20 岁

在《河北工业学院学报》发表《耐蚀合金钢》。

9 月，作为河北工业学院肄业的学生，注册进入武汉大学理学院化学系，为四年级学生，编号为 350。

## 1938 年，21 岁

7 月，自武汉大学化学系毕业。

7 月 5 日，由姚南枝推荐给翁文灏，到国民政府经济部工矿调整处工作，任武汉拆迁执行组技术员，负责民营工业工厂的内迁。

## 1939 年，22 岁

调往重庆，负责民营工业原料的国内运输和验收工作。

## 1940 年，23 岁

调往缅甸仰光，以缅甸为中转站将民营工业原料运送国内。

### 1942 年，25 岁

12 月，印度，任国民政府经济部工矿调查处和资源委员会玉门油田驻印度代表。

### 1943 年，26 岁

在印度塔塔钢厂实习一年。

在《新经济》发表文章《印度工业之鸟瞰》。

### 1944 年，27 岁

12 月，获英国化学工业公司学术奖学金（ICI Fellowship），到英国伯明翰大学理论金属学系学习，导师是著名的金属学家汉森（D. Hanson）教授。

### 1945 年，28 岁

在《新经济》（半月刊）发表文章《印度工业发展的条件及其问题》。

### 1946 年，29 岁

任英国焊接研究所研究员、英国钢铁研究协会助理，任期到 1948 年。

### 1947 年，30 岁

9 月 18 日，与邱绪瑶在英国伯明翰大学结婚，由王大珩担任司仪。

### 1948 年，31 岁

12 月，获得英国伯明翰大学自然哲学博士学位，论文题目为《贝茵体的切变机制》。

担任理论金属学系高级讲师，任相变动力学研究组组长。

### 1951 年，34 岁

在英国伯明翰大学获得终身讲师的任命。

为中国科学院金属研究所长期订阅“Journal of Iron and Steel Institute”和“Philosophical Magazine”杂志。

### 1952 年，35 岁

4 月，长子柯英出生。

与考垂耳（A. H. Cottrell）在“Journal of Iron and Steel Institute”上发表文章“The Formation of Bainite”。

### 1953 年，36 岁

7 月，夫人邱绪瑶获得伯明翰大学商学院博士学位。

8 月，携全家离开英国，踏上回国之路。

### 1954 年，37 岁

4 月，接受高教部的安排，到北京钢铁工业学院报到，任金相热处理教研组教授。

11 月，参加由中国科学院举办的第一次全国性的金属研究报告会，并提交论文《奥氏体在中温转变机构》。

### 1955 年，38 岁

任北京钢铁工业学院（1960 年改名为北京钢铁学院）物理化学系主任，直至 1966 年。

**1956 年，39 岁**

5 月，翻译的莫斯科斯大林钢铁学院编撰的《钢铁及非铁金属合金金相图片集》由科学出版社出版。

6 月，北京钢铁工业学院成立金属物理教研组，柯俊与张兴钤、方正知、马如璋等创建金属物理专业。

与时任北京钢铁工业学院教务长的魏寿昆教授沟通酝酿，开始筹建金属物理化学专业，后改名冶金物理化学专业。

兼任北京大学物理系金属物理教研组主任，任职至 1960 年。

由北京钢铁工业学院报请教育部批准，被评为二级教授。

**1957 年，40 岁**

中国科学院颁发 1956 年度科学奖金(自然科学部分)，柯俊“关于奥氏体共格性的转变机构”项目获三等奖。

担任《金属学报》副主编。

**1958 年，41 岁**

8 月，次子柯明出生。

8 月 17 日，参与陪同周恩来总理与柬埔寨王国国家代表团诺罗敦·西哈努克亲王参观金相和热处理实验室。

**1963 年，46 岁**

3 月，编写的《金属和合金的马氏体型相变》讲义油印完成。

8 月，在青岛举行的中国金属学会全国会员代表大会上当选为第二届理事会常务理事。

参加“1963–1972 年全国科学技术发展规划”的制定。

**1964 年，47 岁**

“铁铬铝耐热合金”项目获全国新产品工艺奖。

**1966 年，49 岁**

欧共体出版（英、德、法文）的“De Ferri Metallographia”一书第 2 卷“Fundementals of Metallogaphia”中，把钢中切变机制生成的无碳贝茵体称成“柯氏贝茵体”，柯俊本人也被以柯恩（M. Cohen）为首的许多国外同行称为 Mr. Bain（贝茵体先生）。

**1969 年，52 岁**

夏，奔赴河北迁安，参与修建从迁安到首都钢铁公司的铁路。

9 月底，于内蒙古包头参加劳动改造，在工厂的监控室值班。

**1970 年，53 岁**

与金属物理专业的其他教师，被分配到内蒙古包头钢铁公司稀土萃取车间劳动。

**1972 年，55 岁**

参加与加拿大卢维高教授座谈会，主题是有关北欧、北美冶金工业动向，学术研究及冶金教育等问题。

### 1974 年，57 岁

在北京钢铁学院“理论组”接受“再教育”，组织与参加利用现代仪器对考古金属文物进行分析，开始中国古代冶金史的研究。

赴陕西考古研究所及姜寨遗址考察黄铜片的出土情况。

### 1976 年，59 岁

7 月，与夏鼐在中国社会科学院考古研究所安阳工作站考察。

以笔名“李众”在《考古学报》发表文章《关于藁城商代铜钺铁刃的分析》。

应邀到北京钢厂做报告，题目为《102 钢的贝茵体问题》。

### 1978 年，61 岁

2 月，《中国冶金简史》由科学出版社出版。

任国家科学技术委员会材料科学学科组员。

### 1979 年，62 岁

1 月 7 日，受到方毅副总理的接见。

2 月，任北京钢铁学院副院长。

4 月，与刘少华、张文奇、魏寿昆一行访问联邦德国，促成北京钢铁学院与德国亚琛工业大学签订中国第一个校际合作协议。

受中国金属学会委托，筹建金属学及金属物理学术委员会，柯俊任学术委员会主任。

9 月，由钱临照、柯俊、郭可信、施履吉等 31 位发起向中国科学技术协会提出《申请成立中国电子显微镜学会的报告》，后成立中国物理学会电子显微学分会（对外称中国电子显微镜学会）。

### 1980 年，63 岁

10 月 6–11 日，出席在北京召开的中国科学技术史学会成立大会。

当选为中国科学院学部委员（1993 年改称院士）、技术科学部常委。

出席在杭州西子宾馆举行的“材料科学与工程课题规划会议”。

11 月 1–5 日，在成都举行中国电子显微镜学会第一届全国会员代表大会，代表筹委会作筹备工作报告。大会选举产生了第一届理事会，理事长：钱临照；副理事长：柯俊、郭可信、黄兰友、武忠弼。

### 1981 年，64 岁

3 月 31 日，参加与加拿大麦克马斯特大学合作签字仪式。

6 月 12 日，由国务院学位委员会聘为国务院学位委员会（工学）学科评议组成员。

7 月 27–31 日，第一届中日电子显微学讨论会在大连市举行。

10 月 13–16 日，与时任美国麻省理工学院材料系主任的史密斯（C. S. Smith）教授和宾夕法尼亚大学材料系主任的麦丁（R. Maddin）教授筹划的第一届“金属及其合金的早期使用”（BUMA）国际冶金史会议在北京举行。

成为金属物理专业首批博士生导师。

**1983 年，66 岁**

6月6日,北京钢铁学院物理化学系机关党支部召开的支部大会一致通过了支部决议,接受柯俊为预备党员。

10月28–31日,出席在陕西西安召开的中国科学技术史学会第二次代表大会,当选为第二届理事会理事长。

年底，应中国科学书记处常务书记王顺桐之邀参加中国科协考察组，走访法国、加拿大、美国、日本四个国家的多座科技博物馆，为筹建中国科技馆提供相关经验。

创办中国第一个材料科学杂志《材料科学与工程》，并担任主编。

**1984 年，67 岁**

5 月 16 日，作为中国科协代表团团长，参加在美国纽约举行的“美国科学促进会 150 周年”庆典活动，并访问了华盛顿、费城、波士顿、西雅图、旧金山等城市。

5 月 24 日，鉴于在相变理论及促进中国和加拿大科技文化交流上做出的重要贡献，加拿大麦克马斯特大学授予他荣誉理学博士学位。

11 月 8–11 日，参加在北京举行的“第一届中日金属学及金属物理讨论会”。

任中国科学院金属研究所客座研究员。

**1985 年，68 岁**

7 月 31–8 月 8 日，出席在美国加州大学伯克利分校召开的第 17 届国际科学史大会。

8 月，鉴于柯俊对现代炼钢术工业考古方面的努力，转炉发源地美国爱德维城授予他“钢铁大师”（Iron Master）的荣誉称号。

**1986 年，69 岁**

11 月 14–19 日,由师昌绪、柯俊、颜鸣皋 3 人发起的“首届中国材料科学与工程学术讨论会”在重庆召开。

12 月 25 日，当选中国科学技术史学会第三届理事会理事长。

**1987 年，70 岁**

任国家自然科学基金委员会顾问。

9 月，参加中美电子显微镜会议。

12 月 16–19 日，参加在香港大学中文系举办的“儒学与中国文化”国际学术研讨会。

**1988 年，71 岁**

7 月，应英国文化协会邀请，与李静波赴英国伦敦、兰开斯特等地访问。

8 月 28 日,“中国占代钢铁技术发展的历程”获 1987 年度国家自然科学三等奖、国家教委科技进步二等奖。

8 月，参加在美国加州大学圣迭戈分校举行了第五届国际中国科学史学术会议。

12 月，由于柯俊对中国科学技术史特别是冶金史的贡献，以及对促进中英学术交流的努力，英国萨瑞大学授予他大学荣誉博士学位。

主持的国家自然科学基金重点项目“贝茵体相变机理”立项，参与该项目的有清华大学、上海交通大学、天津大学等院校。

《金属学报》(英文版)创刊，柯俊任主编。

**1989 年，72 岁**

8 月，在联邦德国举行的第 18 届国际科学史大会上当选为国际科学史学会联合会理事。

与柳得櫓参加在美国芝加哥召开的国际贝茵体相变会议。

“硼在钢中的作用及硼在晶界偏聚行为的研究”项目获国家教委科技进步二等奖。

获中国科学院荣誉奖章。

**1990 年，73 岁**

被国家科委、国家教委授予全国高等学校先进科技工作者称号。

8 月 2–6 日，在英国剑桥大学举行的第六届国际中国科学史会议上，当选为国际东亚科学技术与医学史学会副主席。

8 月，在北京举行的中国金属学会第四届理事会第五次常务理事会上，被授予中国金属学会荣誉会员的称号。

9 月，获中国电子显微镜学会授予的“桥本初次郎奖”。

9 月 10 日，宝钢奖学金理事会成立暨宝钢奖学金第一次全体会议在上海宝山宾馆举行，聘请苏步青、张光斗、李国豪、谢希德、周志宏、柯俊等为宝钢奖学金理事会顾问。

**1991 年，74 岁**

4 月 13–16 日，出席在河南郑州召开的第三届科技考古学术会议，会议决定成立“中国科技考古学会”，被推举为理事长。

11 月 8–11 日，中国金属学会第四届第五次常务理事会议授予柯俊“荣誉会员”的称号。

**1992 年，75 岁**

8 月，出席在杭州召开的第八届国际中国科学史会议。

“钒、钛、铌等微合金元素在低合金钢中作用基础的研究”获冶金部科技进步一等奖。

与柳得櫓参加在美国夏威夷召开的国际贝茵体相变会议。

**1994 年，77 岁**

8 月 22–25 日，出席在北京召开的中国科学技术史学会第五届代表大会，并当选为名誉理事长。

10 月 11 日，在北京科学会堂参加由中国科学院技术科学部、全国科协组织的报告会，发言题目为《改革我国高等工程教育，增强我国国力和国际竞争力》。

**1995 年，78 岁**

2 月 8 日，被聘为中国科学院金属研究所客座研究员。

10 月 6 日，被中国金属学会聘为《金属学报》(中、英文版)第三届主编。

**1996 年，79 岁**

承担了国家教委“面向 21 世纪高等工程教育教学内容和课程体系改革计划”项目中“材料类专业人才

培养方案及教学内容体系改革的研究与实践”课题，同年在北京科技大学主持了冶金及材料工程拓宽专业的“大材料”试点班，志在培养学生工程意识、自学能力、独立工作能力和创新能力，收到了良好的效果。

10月，获由全国高等教育自学考试指导委员会颁发的“从事高等教育自学考试工作十年”荣誉证书。

10月，参加论证攀登计划B类项目“新一代微合金高强高韧钢的基础研究”。

11月17–20日，参加在北京召开的“中国材料科学研究会年会”，获“中国材料研究会成就奖”。

12月9日，被中华人民共和国教育委员会聘为“高等教育面向21世纪教学内容和课程体系改革”顾问组副组长。

**1997年，80岁**

获何梁何利基金科学与技术进步奖。

**1998年，81岁**

1月，孙祖庆主持“新一代高强高韧钢的基础研究”项目，柯俊指导并参加子课题“高洁净度微合金钢的组织控制与力学性能研究”。

9月15–19日，参加在大连举行的第十次全国电子显微学会议，并获中国电子显微镜学会“钱临照奖”。

11月14日，取道曼谷赴印度的科学名城班加罗尔，参加全印“冶金师日”大会，接受印度金属学会授予的“荣誉会员”称号，并作题目为《中国的金属文化传统》的特邀报告。

11月，被中国工程院聘为中国工程院教育委员会顾问。

**1999年，82岁**

5月20日，被聘为北京大学古代文明中心学术顾问。

5月，被授予第二届“武汉大学杰出校友”称号。

7月11–21日，在北京召开了国际材料研究联合会先进材料国际会议，在分组会议“材料科学与工程教育论坛”上柯俊作了题为《关于材料专业教育》的发言。

8月，被中国保利集团聘为保利艺术博物馆顾问。

9月8日，国务院副总理李岚清在教育部部长陈至立的陪同下，到家中看望柯俊，并向他致以教师节的问候。

**2000年，83岁**

12月15日，主持的教学研究项目“材料类专业人才培养方案及教学内容体系改革的研究与实践”在北京通过了全国高等学校教学研究中心组织的鉴定。

12月18日，被中国社会科学院古代文明研究中心聘为学术顾问。

**2001年，84岁**

夏，被英国伯明翰大学授予荣誉工学博士学位，代表学校签署两校合作协议。

9月，“‘大材料’试点班专业人才培养方案及教学内容课程体系改革的研究与实践”获北京市教育教学成果（高等教育）一等奖。

12月，主持的国家教委面向21世纪教改项目“材料类专业人才培养方案及教学内容课程体系改革的研究与实践”获高等教育国家级教学成果一等奖。

**2002年，85岁**

10月20–24日，参加在上海、北京举行的“中美工程教育政策双边研讨会”并发言，题目为“Engineering Education for Developing China in the Twenty-First Century”。

12月21日，应中国科技馆邀请作报告，题目为《材料与人类文明》。

**2003年，86岁**

“钢的组织性能综合理论及应用”获中国高等学校十大科技展奖。

与师昌绪提议在北京科技大学建立“中国材料名师讲坛”。

**2004年，87岁**

2月10日，“钢的组织性能综合控制理论及应用——薄板坯连铸连轧工艺基础及材料性能特征研究”项目获教育部科技进步一等奖。

5月20日，获“李薰成就奖”。

12月4日，参加北京科技大学冶金与材料史研究所建所30周年暨科学技术与文明研究中心成立庆祝活动并发言，题目为《钢铁与人类文明》。

**2005年，88岁**

7月24–30日，参加北京第22届国际科学史大会。

11月30日，主讲北京科技大学“中国材料名师讲坛”第十一讲，题目为《材料史杂粹》。

**2006年，89岁**

9月，参加在北京科技大学举行的第六届“金属及其合金的早期使用”（BUMA）国际冶金史会议。

**2007年，90岁**

12月，参加庆祝中国科学院金属研究所建所45周年“我与金属所”主题报告会。

**2008年，91岁**

11月24日，参加中国科技馆开馆20周年活动。

**2011年，94岁**

10月25日，获中国金属学会“冶金科技终身成就奖”。

**2012年，95岁**

10月，夫人邱绪瑶去世。

12月，《柯俊传》出版。

**2014年，97岁**

12月，北京科技大学科技史与文化遗产研究院成立。

# 后　记

2016 年 3 月，为庆祝柯俊院士百岁寿辰，北京科技大学组织学校科技史与文化遗产研究院和材料科学与工程学院部分教师组成《柯俊画传》编写组。

《柯俊画传》在韩汝玢、石新明 2002 年编著出版的《柯俊传》内容基础上确定了框架结构：一是展现柯俊院士对金属物理、冶金史两个学科的开创性贡献，二是关注他在科学研究、人才培养与教育改革方面取得的成就，三是呈现他通过国内与国际学术交流为社会服务的重要片段。

编写组从大量珍贵照片中，遴选出 400 余幅，配以记述柯俊院士事迹的文字，编辑成这部图文结合、反映柯俊院士学术贡献和社会影响力的画传。编写《柯俊画传》所采用的图片大部分来源于中国科协“老科学家学术成长资料采集工程—柯俊院士学术成长资料采集项目”。老照片的收集得到了柯英、柯明、柯伟、李依依、胡嗣强、韩汝玢、柳得橹、高巧君、孙淑云、吴伯群、韩雅芳、董瀚、尚成嘉、陈清、孙永谦、李秀辉、潜伟、石新明、李帅、方一兵、姜曦、顾小锋、樊飞等友人以及中国金属学会、中国科学院金属研究所、宝钢教育基金会等单位的帮助，柯明、柳得橹、吴杏芳、韩汝玢、尚成嘉等对老照片的信息进行了核对。章梅芳、迟鹏、万鑫对前期数据收集有贡献。全书由李秀辉、程瑜、陈清编撰了初稿，韩汝玢、潜伟校对。北京科技大学党委校长办公室、宣传部、校友会、老干部处、材料科学与工程学院、冶金与生态工程学院等对此书的编撰出版给予了支持和帮助。

我们以此画传来表达社会各界对柯俊先生百岁寿辰的庆贺，感谢他为我国冶金教育、材料科学与科技史研究做出的巨大贡献。

在《柯俊画传》付梓之际，我们谨向对画传编撰和出版给予支持和帮助的所有单位和个人表达诚挚的谢意。

由于编者水平所限，画传中难免存有不妥之处，望大家指正。

编写组

2016 年 5 月 15 日